KiGa, Vor- & Grundschule

Michael Junga

Auge-Hand-Koordination

Ein aufbauendes Trainingsprogramm

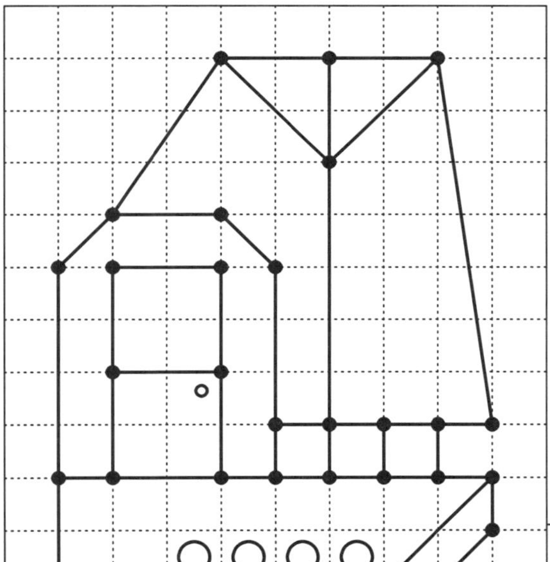

Übertrage!

Übertrage das Bild in das leere Gitterfeld und male es - wenn du möchtest - in deinen Lieblingsfarben aus!

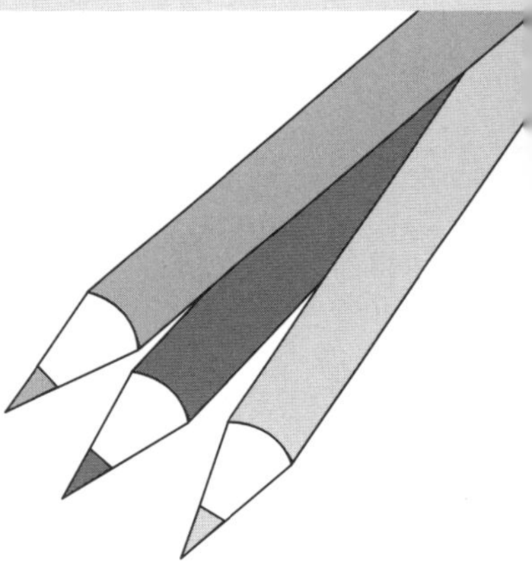

Hilfen zum Erwerb feinmotorischer Kompetenzen

Lernen mit Erfolg
KOHL VERLAG
www.kohlverlag.de

Auge-Hand-Koordination

Ein aufbauendes Trainingsprogramm

5. Auflage 2015

Inhalt: Michael Junga
Grafik & Satz: Kohl-Verlag
Druck: Medienhaus Plump GmbH, Rheinbreitbach

Bestell-Nr. 11 207

ISBN: 978-3-86632-451-0

Inhalt

5-8	Malübung
9-13	Zeichne fertig!
14-15	Zeichne den Weg!
16-17	Labyrinth
18-25	Zeichne nach!
26-31	Puzzle
32-37	Vervollständige!
38-40	Übertrage das Muster!
41-46	Übertrage!
47-49	Doppelkreise
50-52	Punktebild
53-64	Lösungsvorlagen

Aufbauendes Training der Auge-Hand-Koordination

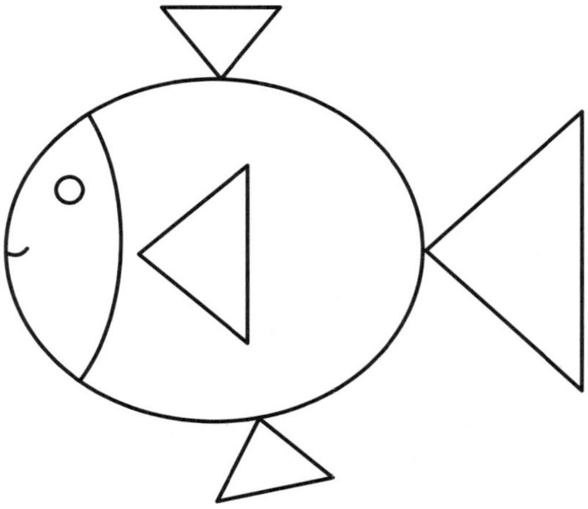

Zielgruppe

- Vor- und Grundschulkinder bis Ende Klasse 1,
- Förderschulkinder ab Klasse 1.

Förderbereich

Auge-Hand-Koordination

Nutzen

Die Kinder trainieren die Koordination zielgerichteter Augen- und Handbewegungen. Diese Koordination ist ein äußerst komplexer Prozess, da zahlreiche Verbindungen im Zentralnervensystem geknüpft werden müssen. Ohne eine altersgemäß entwickelte Auge-Hand-Koordination kann das Kind schulische Anforderungen nicht oder nur mit Einschränkungen realisieren.

Aufgaben

Die Kinder bearbeiten Übungsvorlagen durch ...

- ... das farbige Ausgestalten von Flächen mit Buntstiften.
- ... das Nachzeichnen gepunkteter Linien.
- ... das Ergänzen fehlender Bildteile.
- ... das Nachspuren vorgegebener Wege in Labyrinthen.
- ... das Ausschneiden und Aufkleben von Puzzleteilen.
- ... das Übertragen von Punktebildern.

Hinweis

Diese Übungen sind der erste Teil einer mehrgliedrigen Serie von Kopiervorlagen, die sehr differenziert und kleinschrittig die feinmotorischen Leistungen der Kinder stärken und trainieren sollen.

KOHL VERLAG Lernen mit Erfolg
Auge-Hand-Koordination
Ein aufbauendes Trainingsprogramm zum Erwerb feinmotorischer Kompetenzen - Bestell-Nr. 11 207

Name

Klasse

Datum

Malübung

Male beide Tiere sorgfältig
in deinen Lieblingsfarben aus!

KOHL VERLAG Ein aufbauendes Trainingsprogramm zum Erwerb feinmotorischer Kompetenzen - Bestell-Nr. 11 207

Name

Klasse

Datum

Malübung

Male beide Tiere sorgfältig in deinen Lieblingsfarben aus!

AUGE-HAND-KOORDINATION
Ein aufbauendes Trainingsprogramm zum Erwerb feinmotorischer Kompetenzen - Bestell-Nr. 11 207

Name

Klasse

Datum

Malübung

Male das Mandala sorgfältig in deinen Lieblingsfarben aus!

Ein aufbauendes Trainingsprogramm zum Erwerb feinmotorischer Kompetenzen - Bestell-Nr. 11 207
KOHL VERLAG

Name

Klasse

Datum

Malübung

Male das Mandala sorgfältig
in deinen Lieblingsfarben aus!

KOHL VERLAG
AUGE-HAND-KOORDINATION
Ein aufbauendes Trainingsprogramm zum Erwerb feinmotorischer Kompetenzen - Bestell-Nr. 11 207

Name

Klasse

Datum

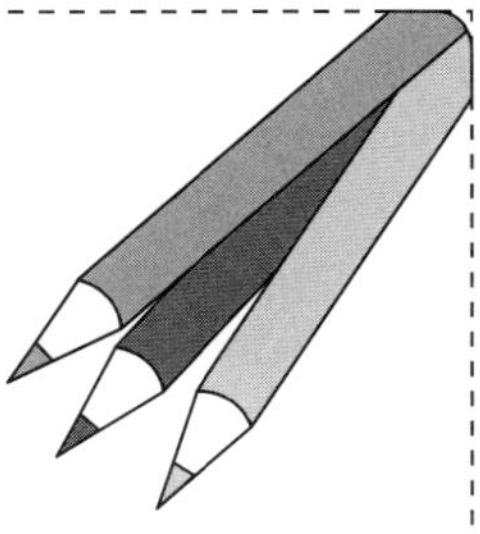

Zeichne fertig!

Zeichne mit einem spitzen Stift die Punktelinien nach und male dann das ganze Bild in deinen Lieblingsfarben aus!

KOHL VERLAG Ein aufbauendes Trainingsprogramm zum Erwerb feinmotorischer Kompetenzen - Bestell-Nr. 11 207

Name | Klasse | Datum

Zeichne fertig!

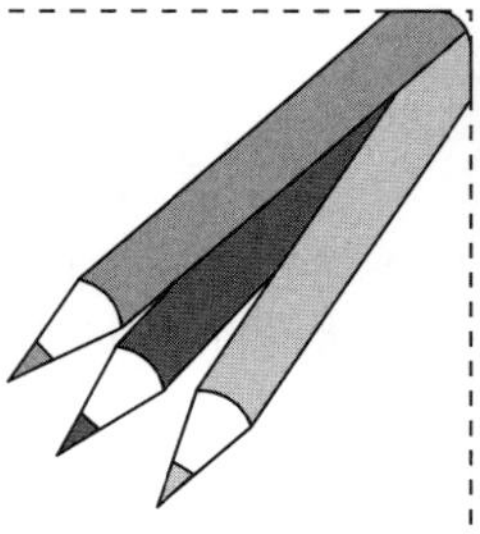

Zeichne mit einem spitzen Stift die Punktelinien nach und male dann das ganze Bild in deinen Lieblingsfarben aus!

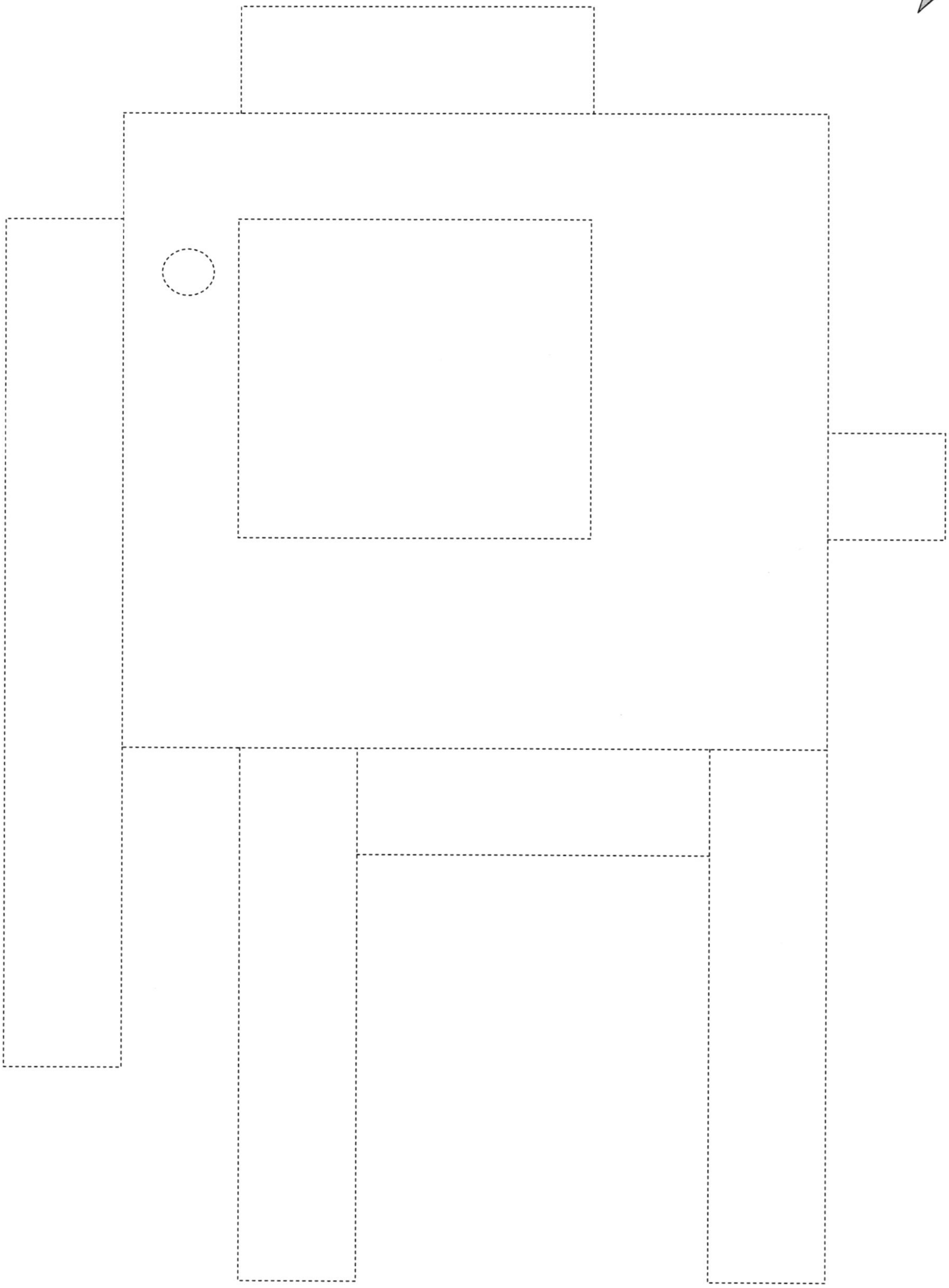

KOHL VERLAG
AUGE-HAND-KOORDINATION
Ein aufbauendes Trainingsprogramm zum Erwerb feinmotorischer Kompetenzen - Bestell-Nr. 11 207

Name | Klasse | Datum

Zeichne fertig!

Zeichne mit einem spitzen Stift die Punktelinien nach und male dann das ganze Bild in deinen Lieblingsfarben aus!

Name

Klasse

Datum

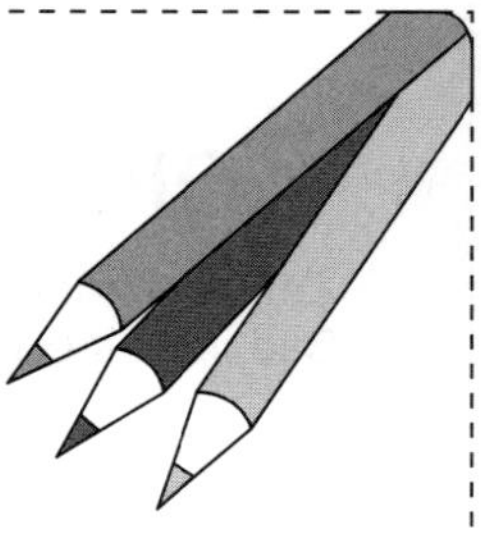

Zeichne fertig!

Zeichne mit einem spitzen Stift die Punktelinien nach und male dann das ganze Bild in deinen Lieblingsfarben aus!

AUGE-HAND-KOORDINATION
Ein aufbauendes Trainingsprogramm zum Erwerb feinmotorischer Kompetenzen - Bestell-Nr. 11 207

Name | Klasse | Datum

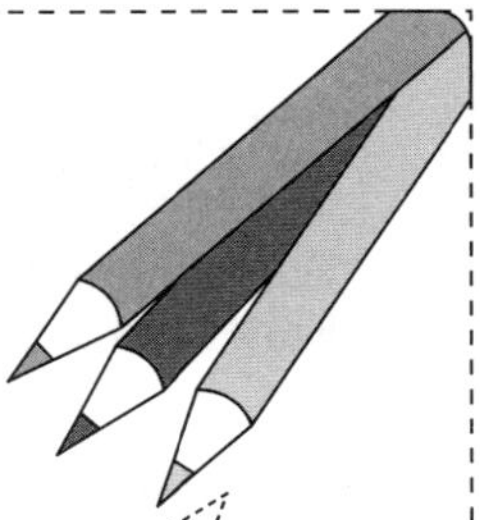

Zeichne fertig!

Zeichne mit einem spitzen Stift die Punktelinien nach und male dann das ganze Bild in deinen Lieblingsfarben aus!

Ein aufbauendes Trainingsprogramm zum Erwerb feinmotorischer Kompetenzen - Bestell-Nr. 11 207
KOHL VERLAG

Name

Klasse

Datum

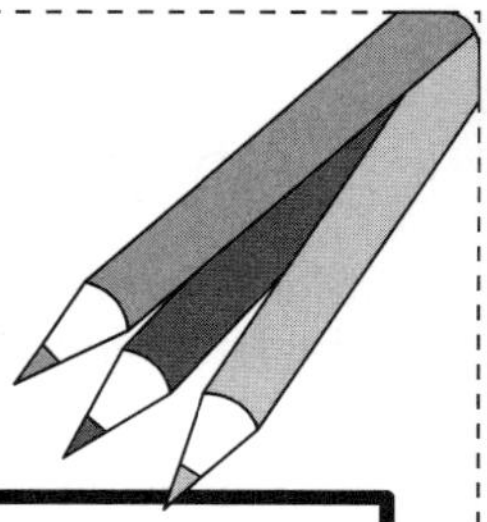

Zeichne den Weg!

Wie kommt die Angel zum Fisch? Zeichne den Weg mehrfach und mit verschiedenen Farben in das Labyrinth ein!

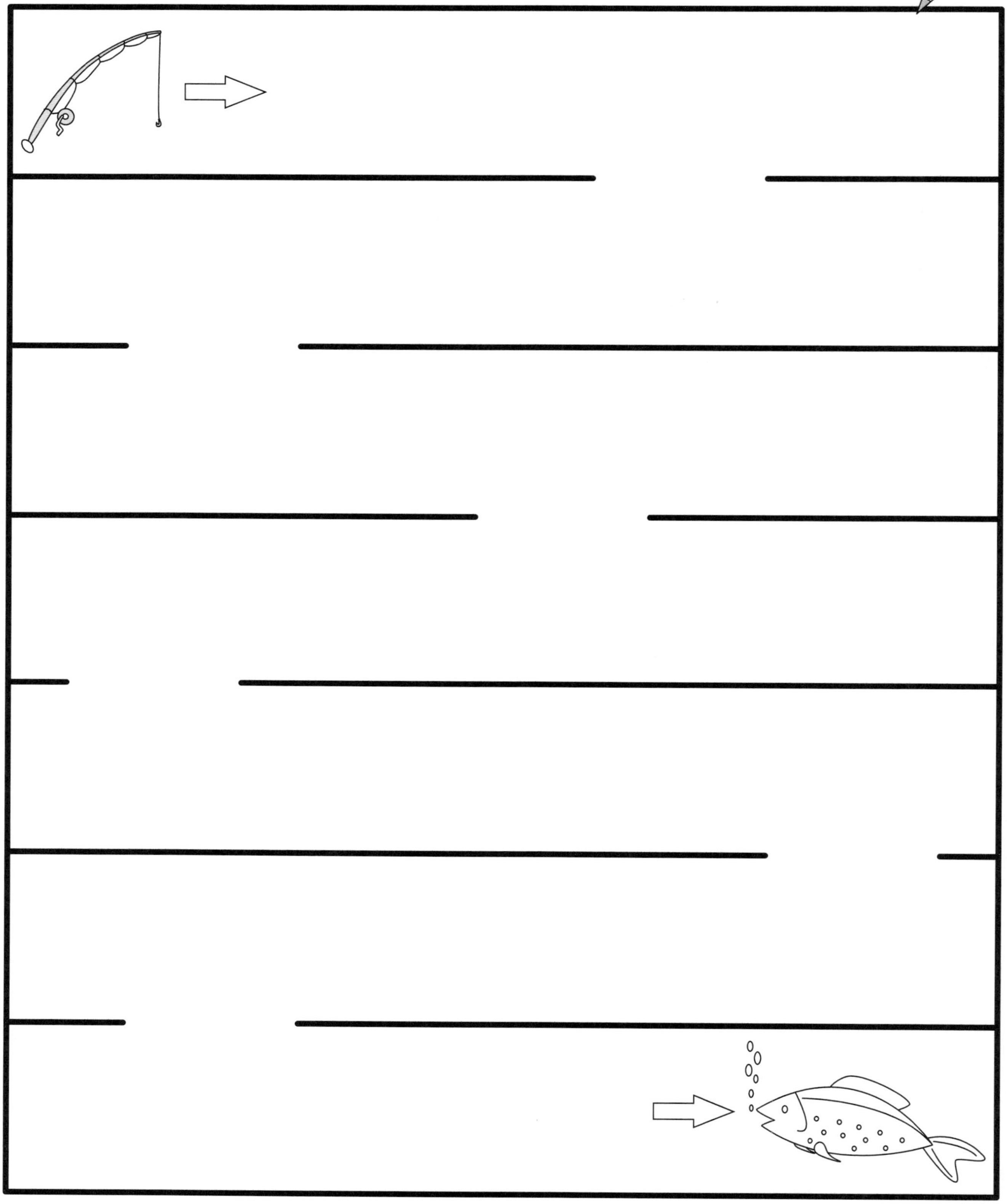

KOHL VERLAG Lernen mit Erfolg
AUGE-HAND-KOORDINATION
Ein aufbauendes Trainingsprogramm zum Erwerb feinmotorischer Kompetenzen - Bestell-Nr. 11 207

Name | Klasse | Datum

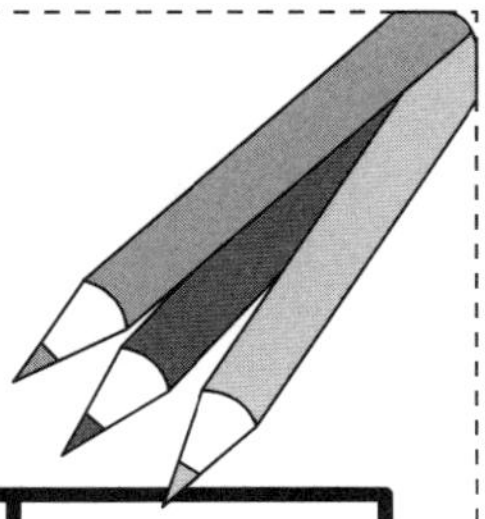

Zeichne den Weg!

Wie kommt die Maus zum Käse? Zeichne den Weg mehrfach und mit verschiedenen Farben in das Labyrinth ein!

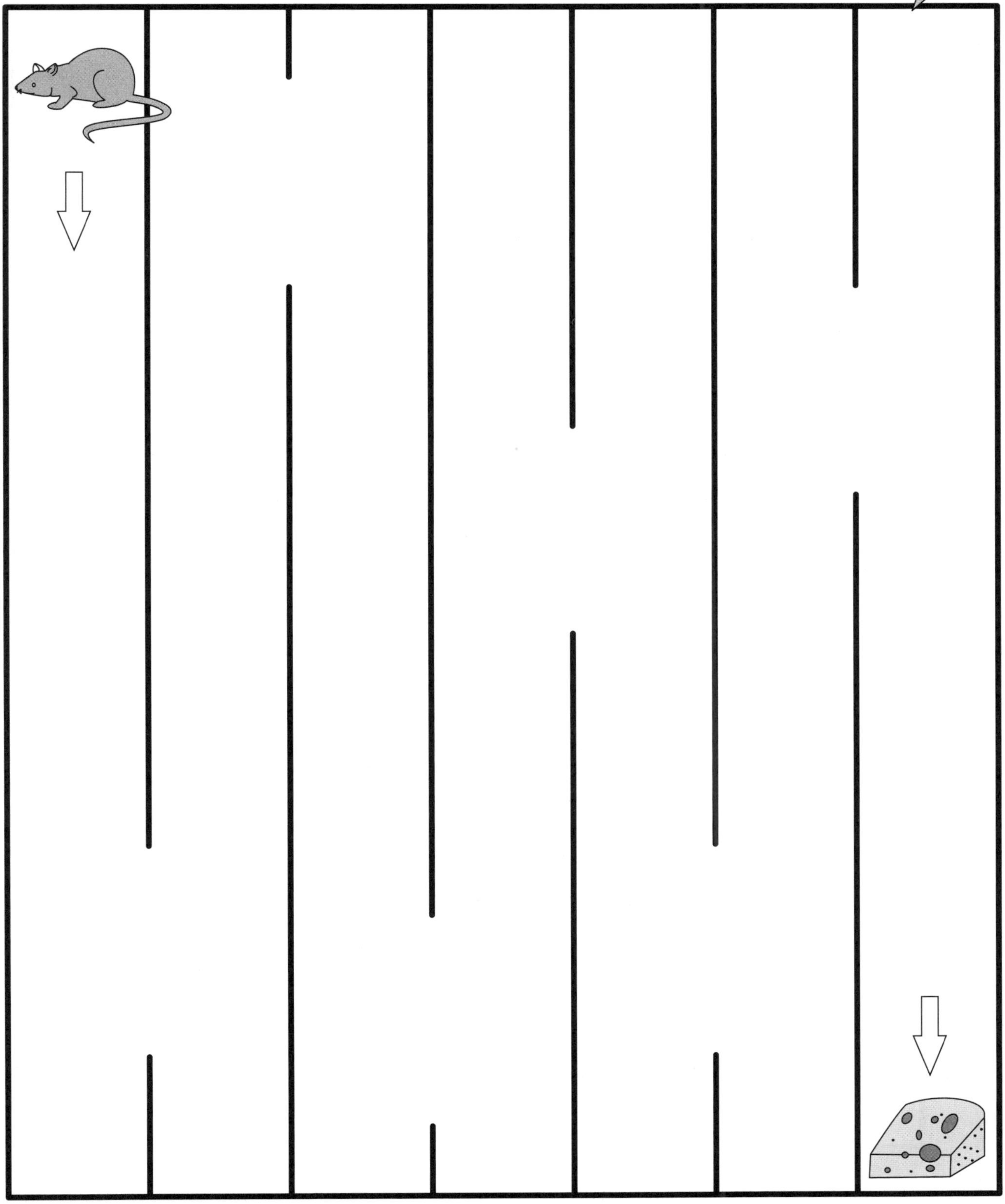

KOHL VERLAG Ein aufbauendes Trainingsprogramm zum Erwerb feinmotorischer Kompetenzen - Bestell-Nr. 11 207

Name | Klasse | Datum

Labyrinth

Wie kommt der Affe zu der Banane? Male den Weg mehrfach und in verschiedenen Farben in das Labyrinth ein!

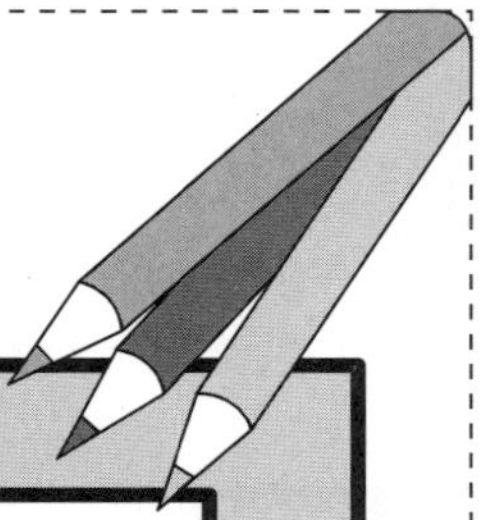

KOHL VERLAG
AUGE-HAND-KOORDINATION
Ein aufbauendes Trainingsprogramm zum Erwerb feinmotorischer Kompetenzen - Bestell-Nr. 11 207

Name

Klasse

Datum

Labyrinth

Wie kommt der Vogel zum Nest? Male den Weg mehrfach und in verschiedenen Farben in das Labyrinth ein!

KOHL VERLAG Ein aufbauendes Trainingsprogramm zum Erwerb feinmotorischer Kompetenzen - Bestell-Nr. 11 207

Name

Klasse

Datum

Zeichne nach!

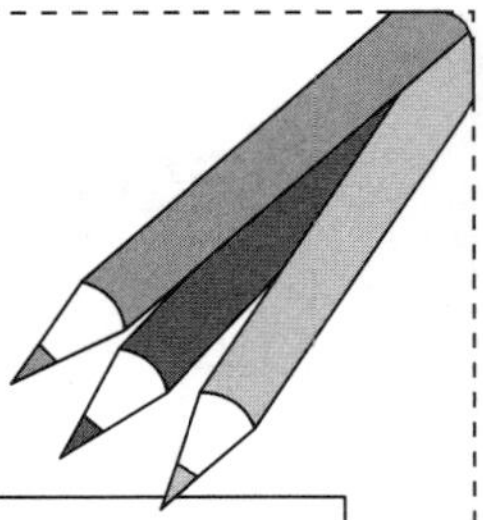

Zeichne links mit einem spitzen Stift die Punktelinien nach und übertrage dann das Bild rechts in das freie Feld. Male eins der beiden Bilder in deinen Lieblingsfarben aus!

KOHL VERLAG
AUGE-HAND-KOORDINATION
Ein aufbauendes Trainingsprogramm zum Erwerb feinmotorischer Kompetenzen - Bestell-Nr. 11 207

Name

Klasse

Datum

Zeichne nach!

Zeichne links mit einem spitzen Stift die Punktelinien nach und übertrage dann das Bild rechts in das freie Feld. Male eins der beiden Bilder in deinen Lieblingsfarben aus!

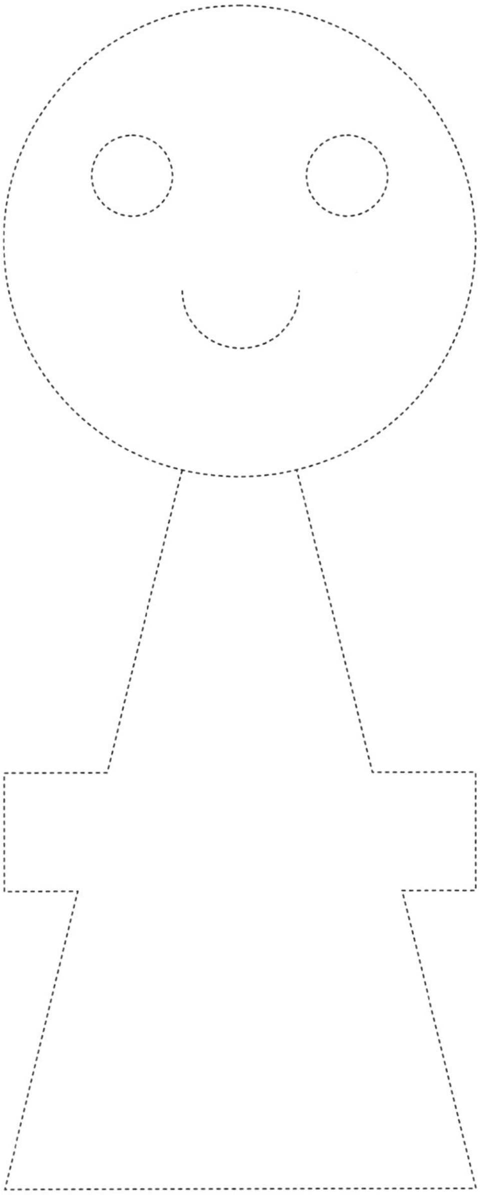

KOHL VERLAG Ein aufbauendes Trainingsprogramm zum Erwerb feinmotorischer Kompetenzen - Bestell-Nr. 11 207

| Name | Klasse | Datum |

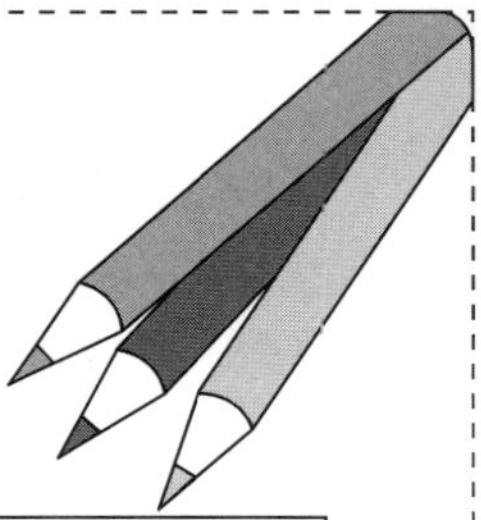

Zeichne nach!

Zeichne die gestrichelten Objekte mit einem Bleistift nach und übertrage dann die gleiche Figur in das freie Feld darunter. Male - wenn du willst - deine gezeichneten Objekte farbig aus!

❶ ⭕

❷ ◻

❸ △

❹ ◇

❺ ⬡

❻ ⌒

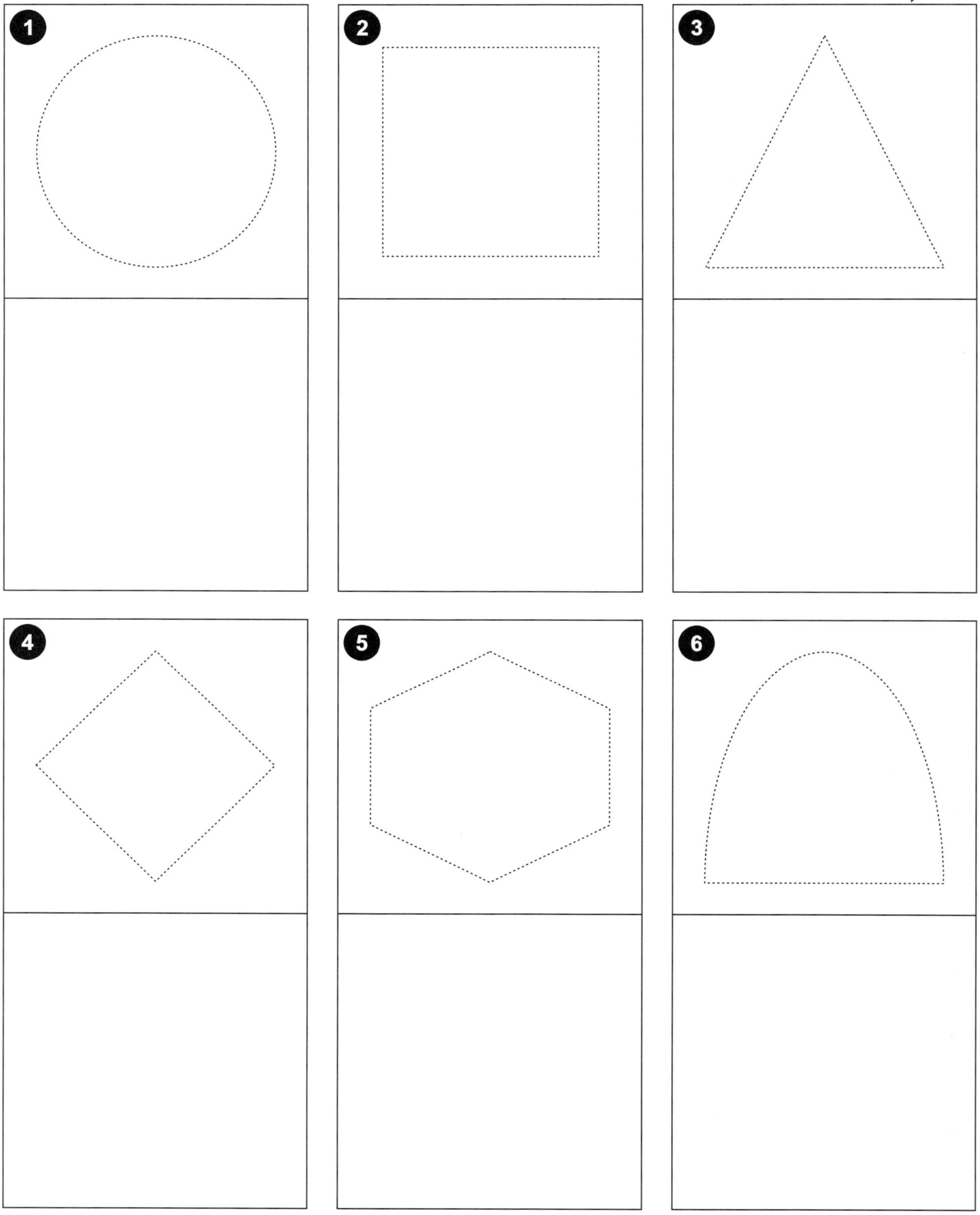

Name | Klasse | Datum

Zeichne nach!

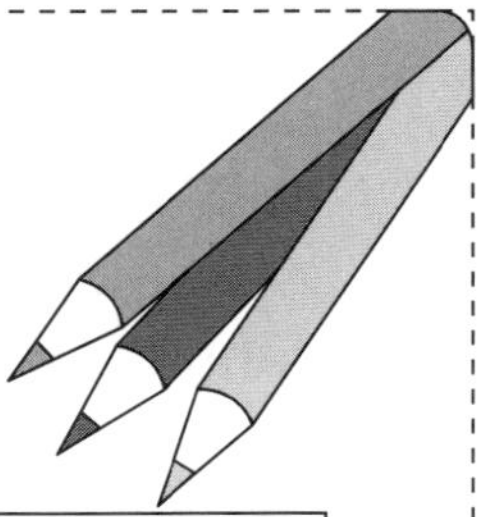

Zeichne die gestrichelten Objekte mit einem Bleistift nach und übertrage dann die gleiche Figur in das freie Feld darunter. Male - wenn du willst - deine gezeichneten Objekte farbig aus!

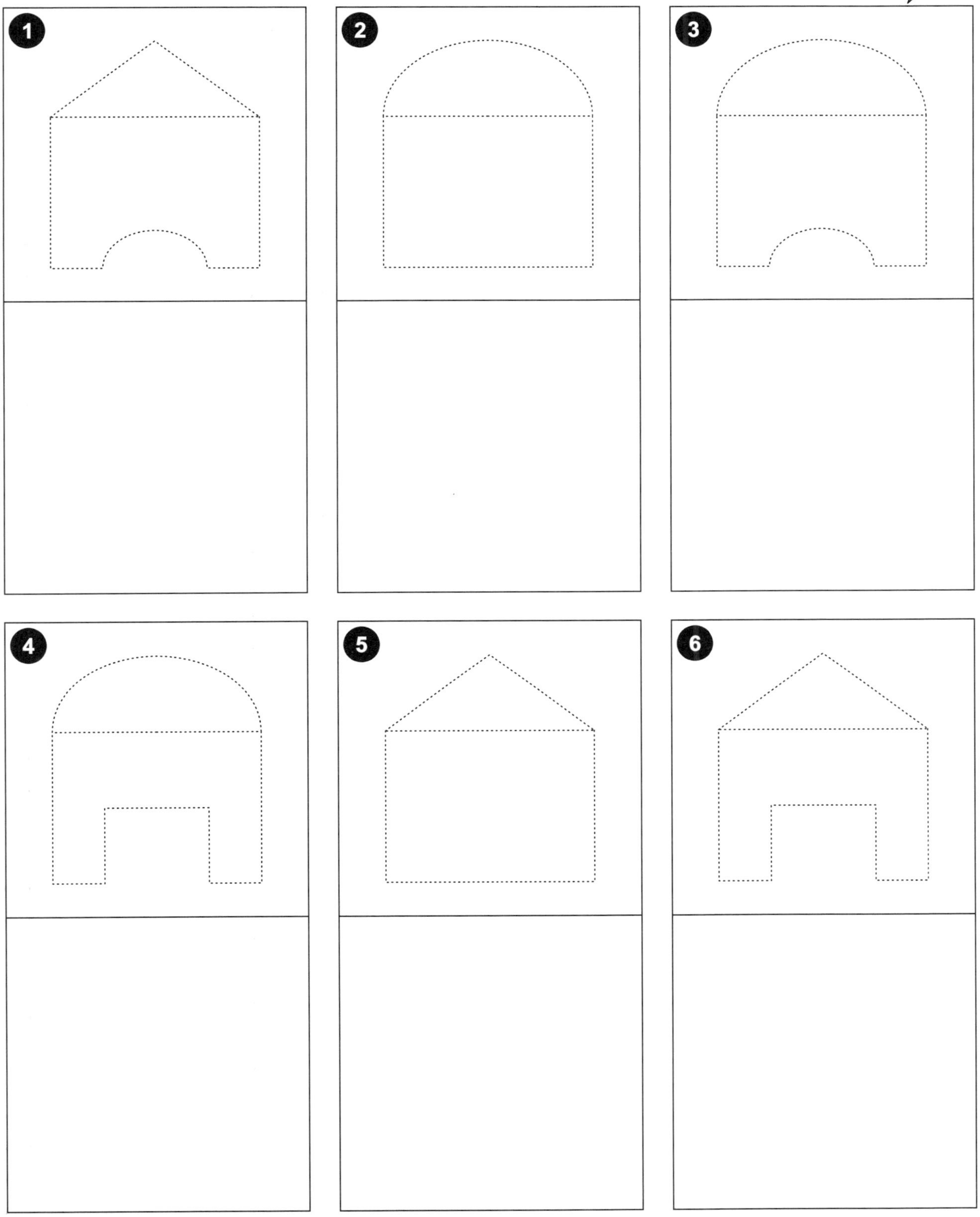

KOHL VERLAG Lernen mit Erfolg
Ein aufbauendes Trainingsprogramm zum Erwerb feinmotorischer Kompetenzen - Bestell-Nr. 11 207

Name

Klasse

Datum

Zeichne nach!

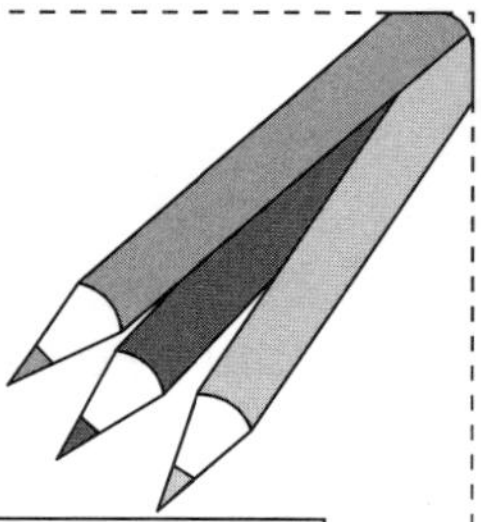

Zeichne die gestrichelten Objekte mit einem Bleistift nach und übertrage dann die gleiche Figur in das freie Feld darunter. Male - wenn du willst - deine gezeichneten Objekte farbig aus!

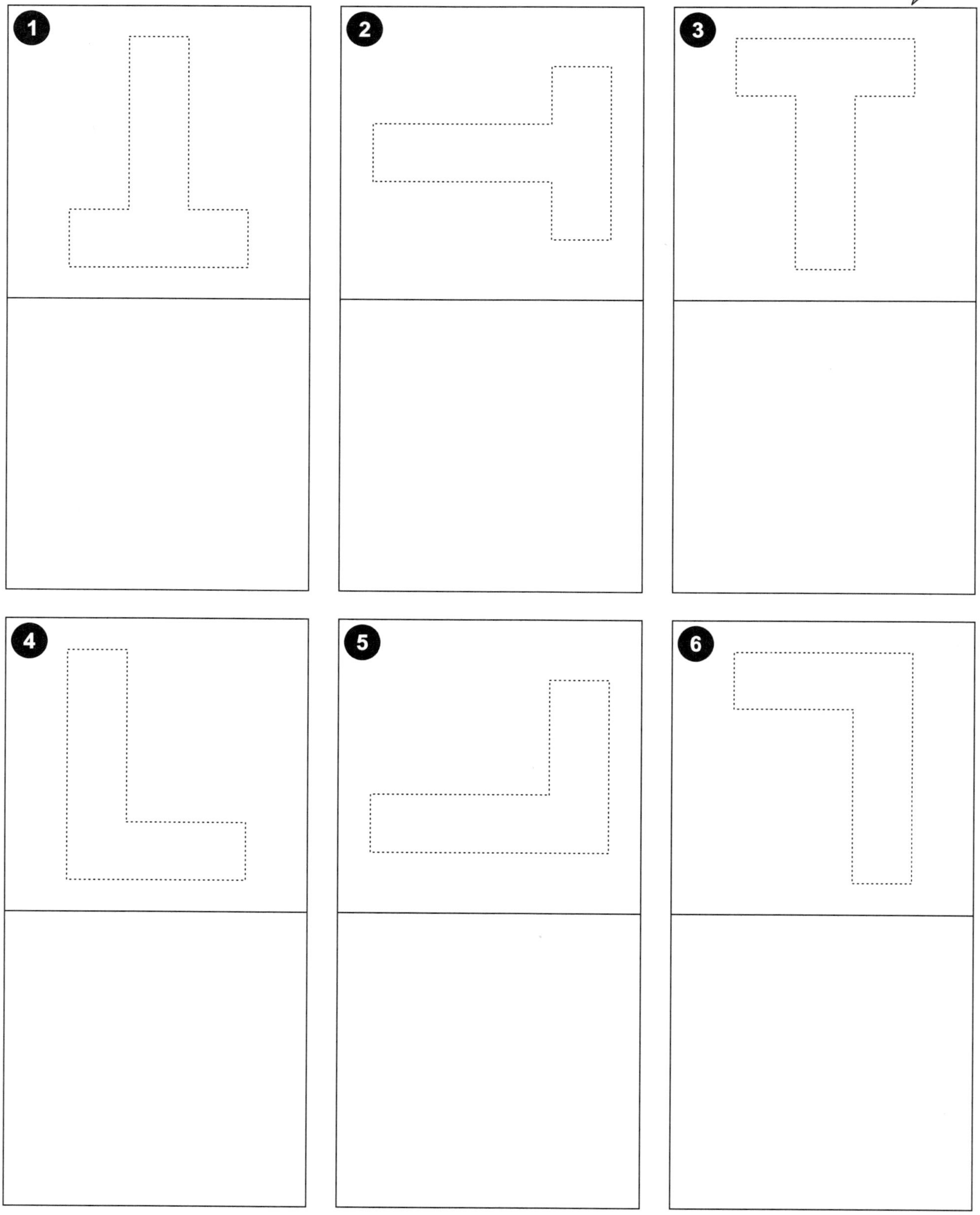

KOHL VERLAG Lernen mit Erfolg
AUGE-HAND-KOORDINATION
Ein aufbauendes Trainingsprogramm zum Erwerb feinmotorischer Kompetenzen - Bestell-Nr. 11 207

Name

Klasse

Datum

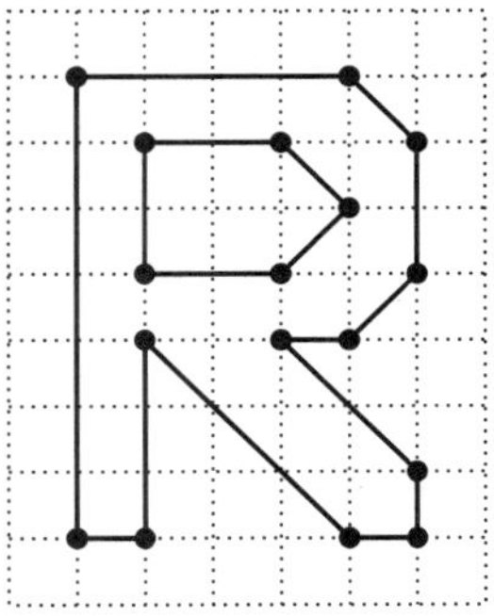

Zeichne nach!

Übertrage den Buchstaben in das untere Feld und male ihn dann farbig aus!

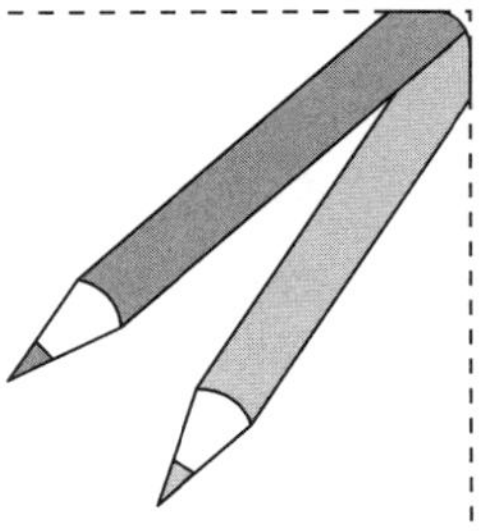

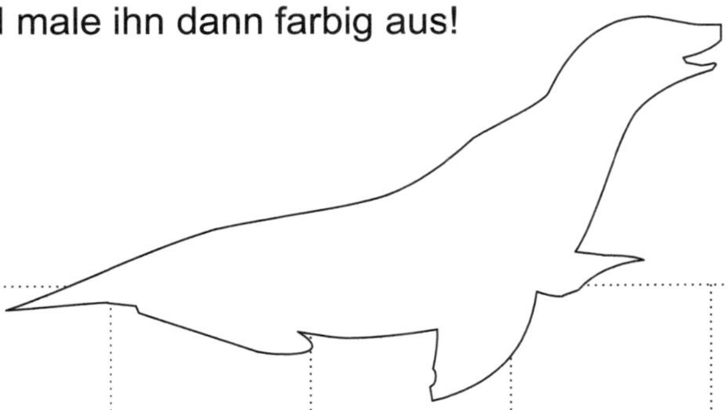

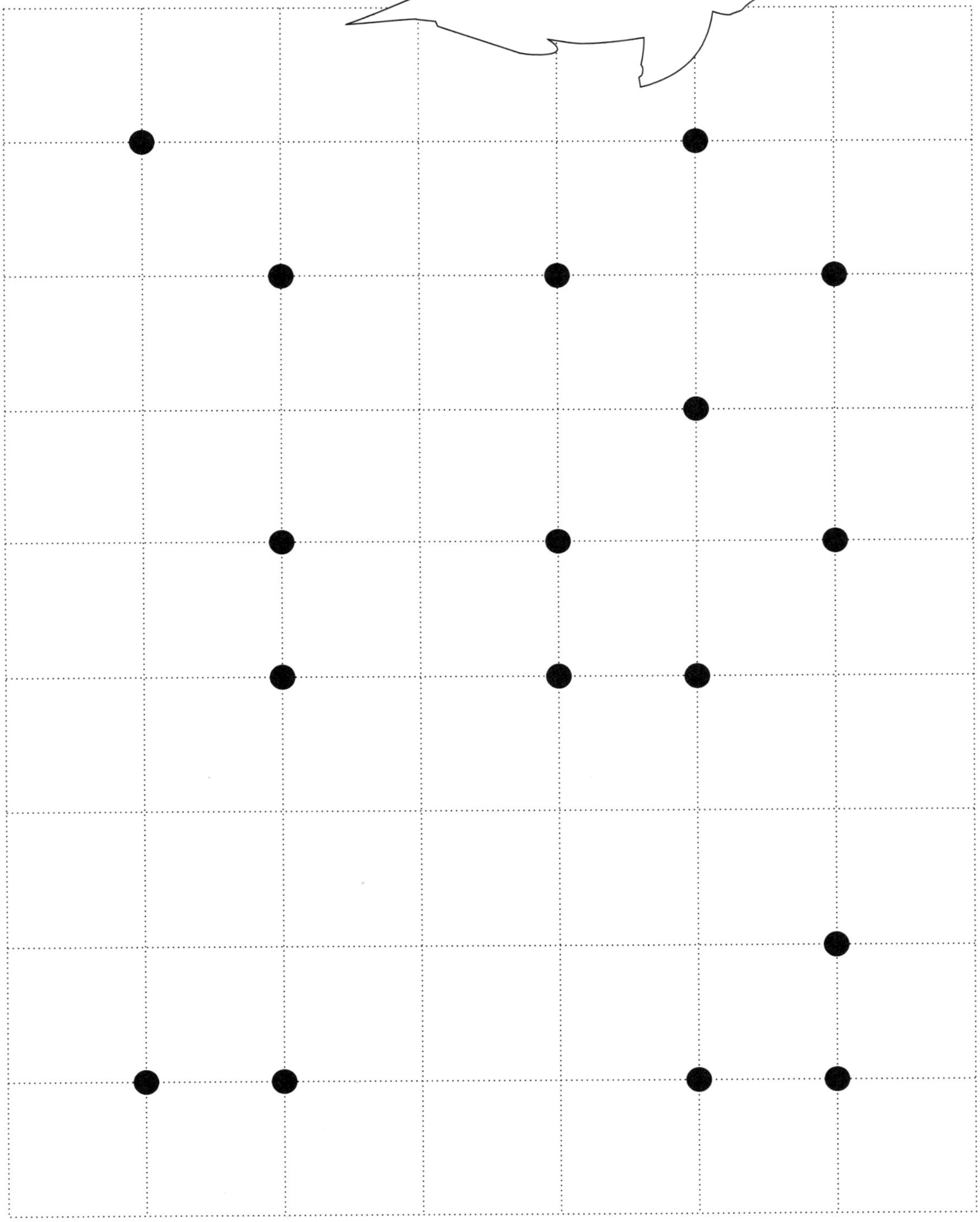

KOHL VERLAG Ein aufbauendes Trainingsprogramm zum Erwerb feinmotorischer Kompetenzen - Bestell-Nr. 11 207

Name

Klasse

Datum

Zeichne nach!

Zeichne die gepunkteten Linien mit einem spitzen Stift nach, übertrage dann das Eulen-Bild sorgfältig in den Umriss und male das fertige Bild farbig aus!

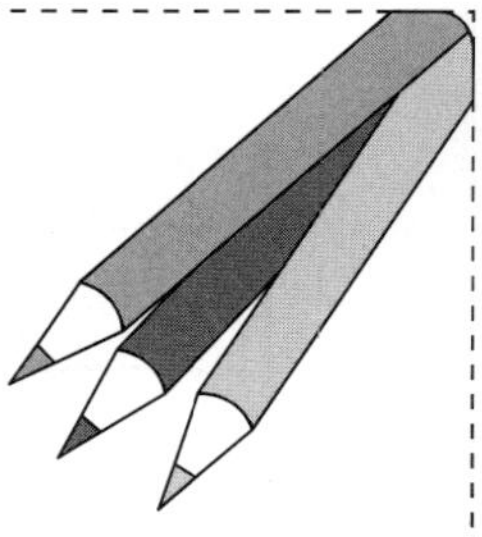

KOHL VERLAG Lernen mit Erfolg
AUGE-HAND-KOORDINATION
Ein aufbauendes Trainingsprogramm zum Erwerb feinmotorischer Kompetenzen - Bestell-Nr. 11 207

Name | Klasse | Datum

Zeichne nach!

Zeichne die gepunkteten Linien mit einem spitzen Stift nach, übertrage dann das Eulen-Bild sorgfältig in den Umriss und male das fertige Bild farbig aus!

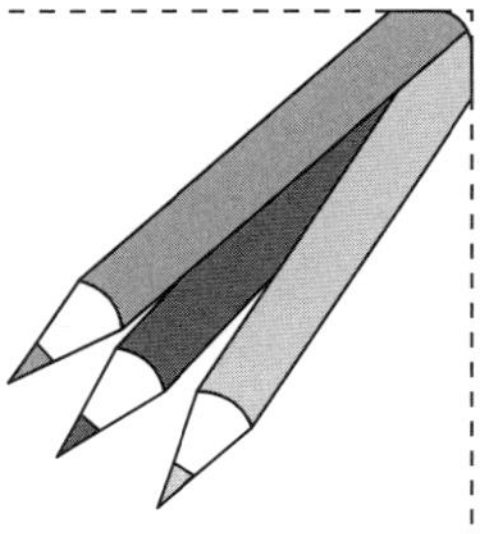

KOHL VERLAG Ein aufbauendes Trainingsprogramm zum Erwerb feinmotorischer Kompetenzen - Bestell-Nr. 11 207

Name	Klasse	Datum

Puzzle

Schneide die Puzzleteile aus, klebe sie richtig auf ein Blatt Papier und male das fertige Bild in deinen Lieblingsfarben aus!

KOHL VERLAG
AUGE-HAND-KOORDINATION
Ein aufbauendes Trainingsprogramm zum Erwerb feinmotorischer Kompetenzen - Bestell-Nr. 11 207

Name

Klasse

Datum

Puzzle

Schneide die Puzzleteile aus, klebe sie richtig auf ein Blatt Papier und male das fertige Bild in deinen Lieblingsfarben aus!

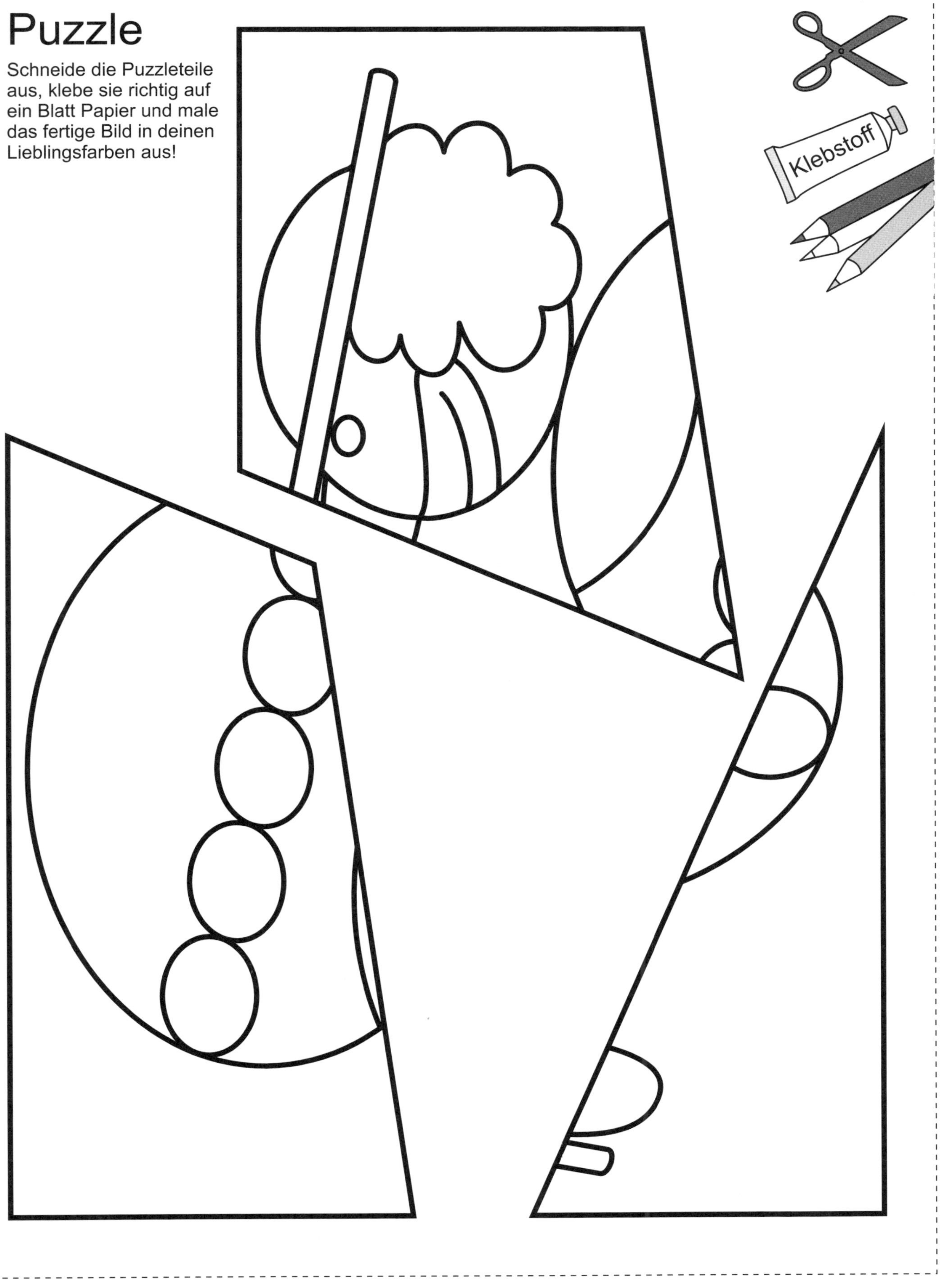

KOHL VERLAG Ein aufbauendes Trainingsprogramm zum Erwerb feinmotorischer Kompetenzen - Bestell-Nr. 11 207

Name | Klasse | Datum

Puzzle

Schneide die Puzzleteile aus, klebe sie richtig auf ein Blatt Papier und male das fertige Bild in deinen Lieblingsfarben aus!

KOHL VERLAG Lernen mit Erfolg
AUGE-HAND-KOORDINATION
Ein aufbauendes Trainingsprogramm zum Erwerb feinmotorischer Kompetenzen - Bestell-Nr. 11 207

Name

Klasse

Datum

Puzzle

Schneide die Puzzleteile aus und klebe sie oben so in die freien Felder, dass ein fertiges Bild entsteht!

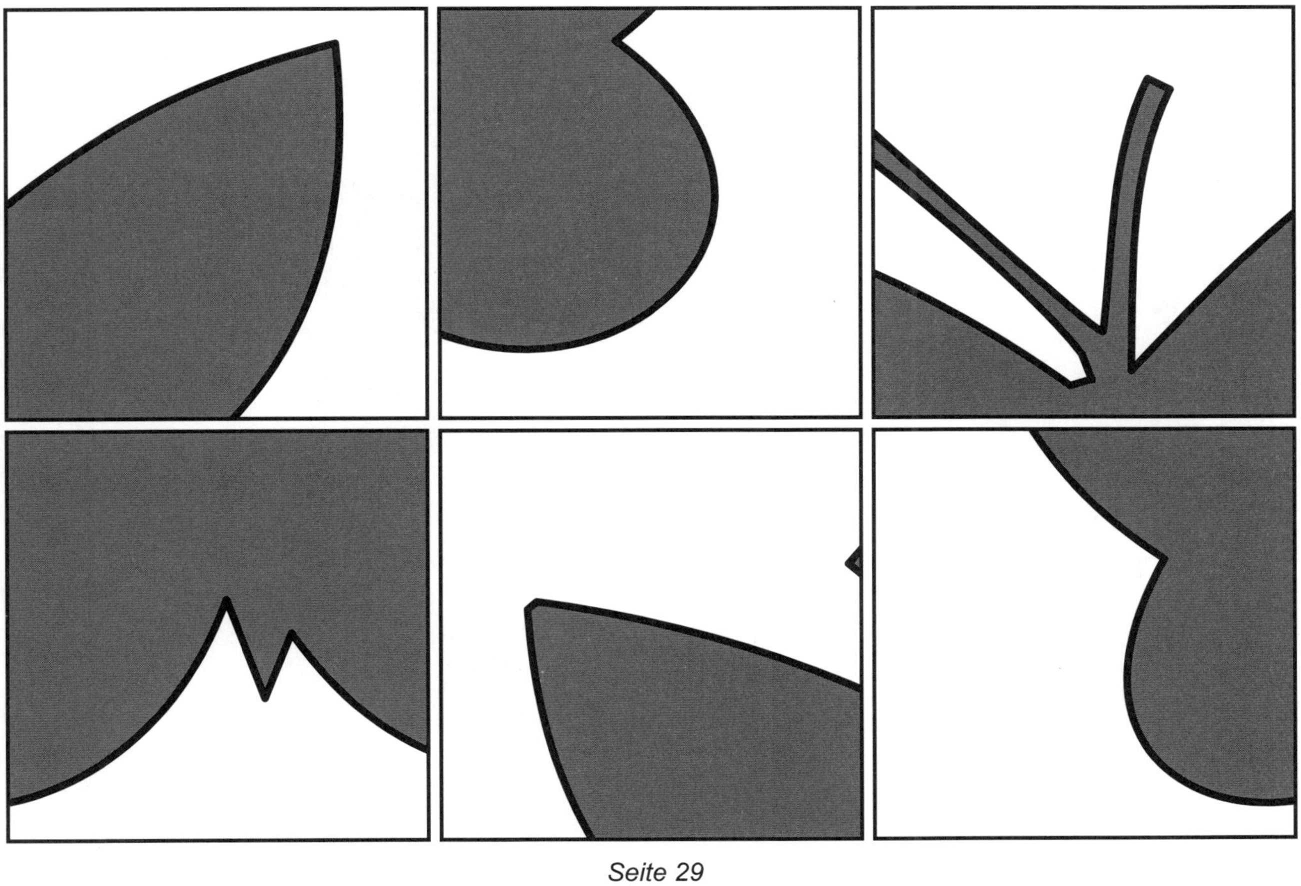

KOHL VERLAG Ein aufbauendes Trainingsprogramm zum Erwerb feinmotorischer Kompetenzen - Bestell-Nr. 11 207

Name

Klasse

Datum

Puzzle

Schneide die Puzzleteile aus und klebe sie oben so in die freien Felder, dass ein fertiges Bild entsteht!

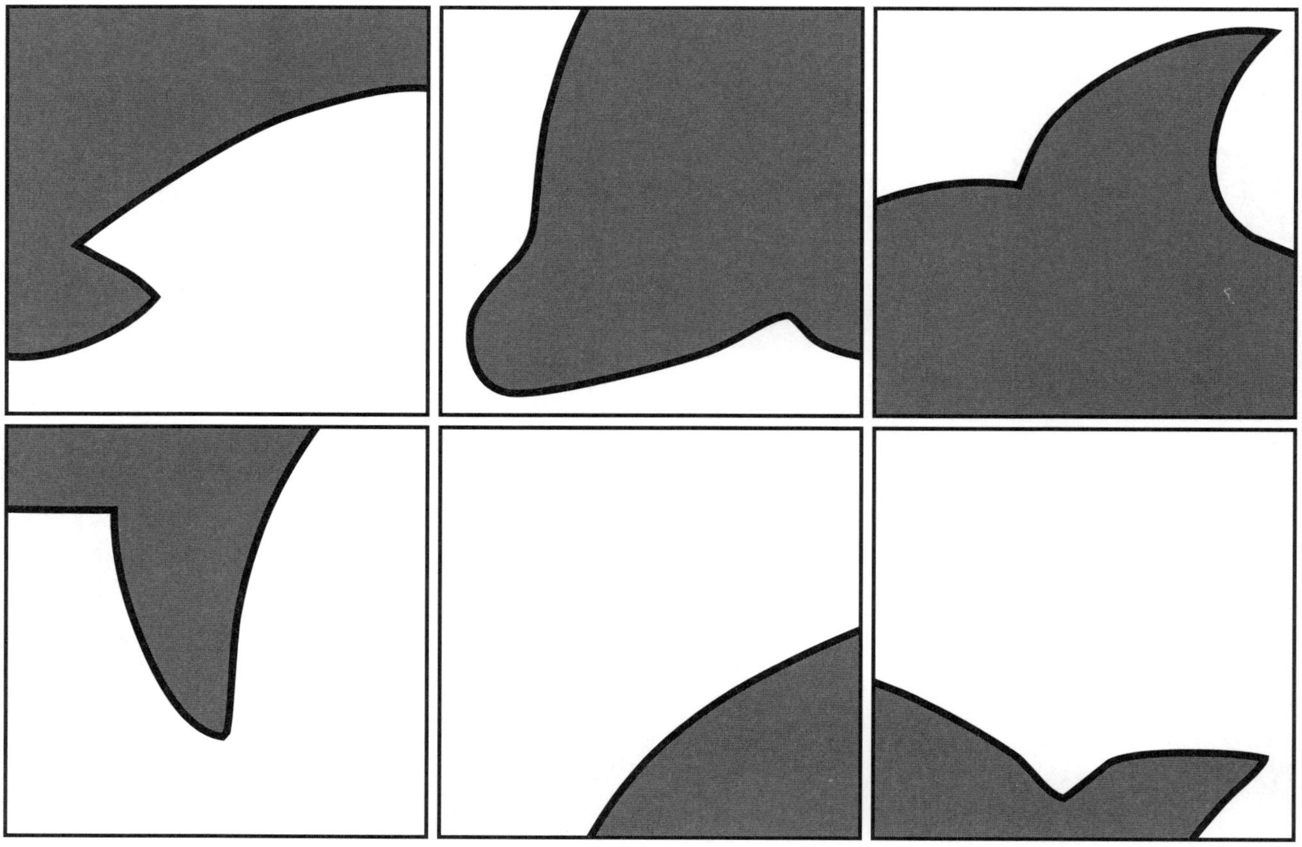

KOHL VERLAG
Auge-Hand-Koordination
Ein aufbauendes Trainingsprogramm zum Erwerb feinmotorischer Kompetenzen - Bestell-Nr. 11 207

Name

Klasse

Datum

Puzzle

Schneide die Puzzleteile aus und klebe sie oben so in die freien Felder, dass ein fertiges Bild entsteht!

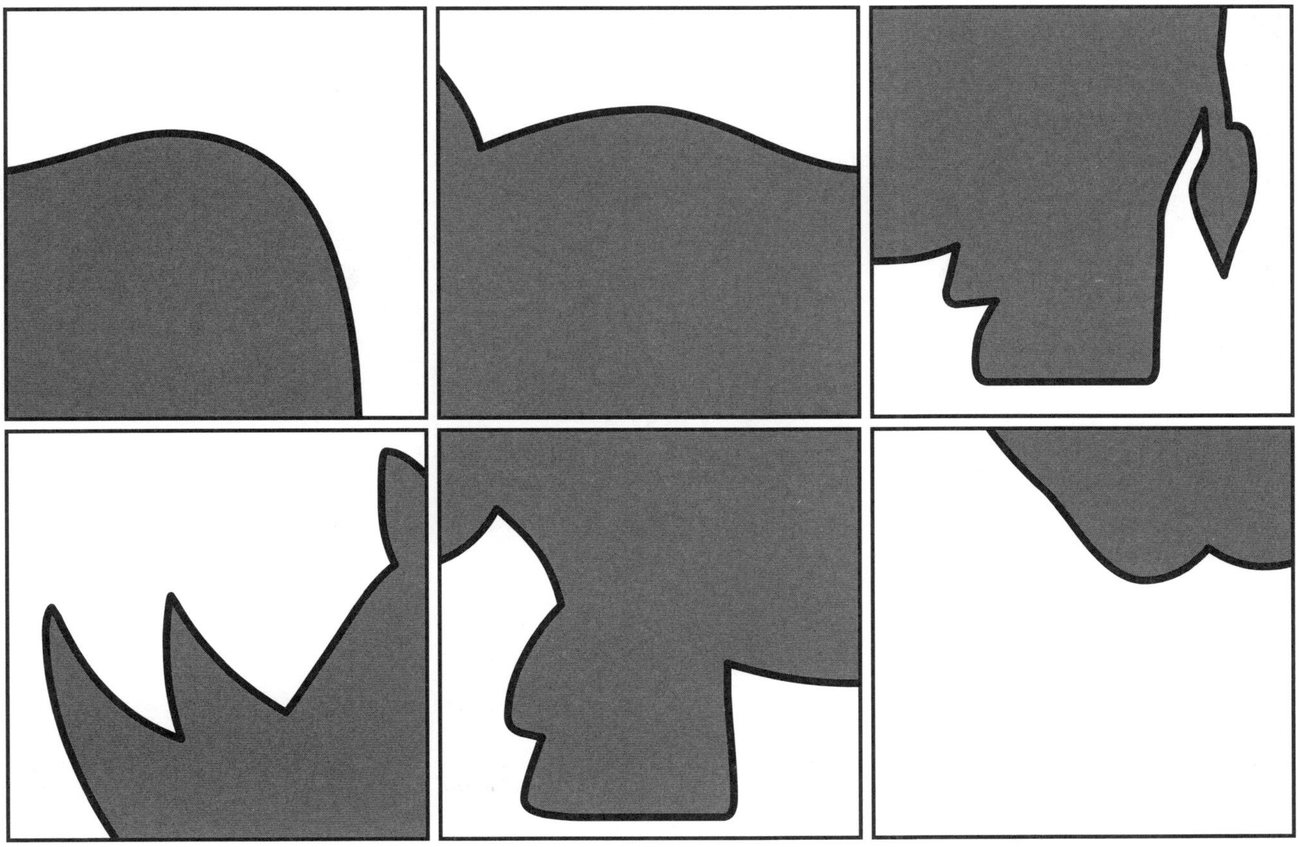

KOHL VERLAG Ein aufbauendes Trainingsprogramm zum Erwerb feinmotorischer Kompetenzen - Bestell-Nr. 11 207

Name | Klasse | Datum

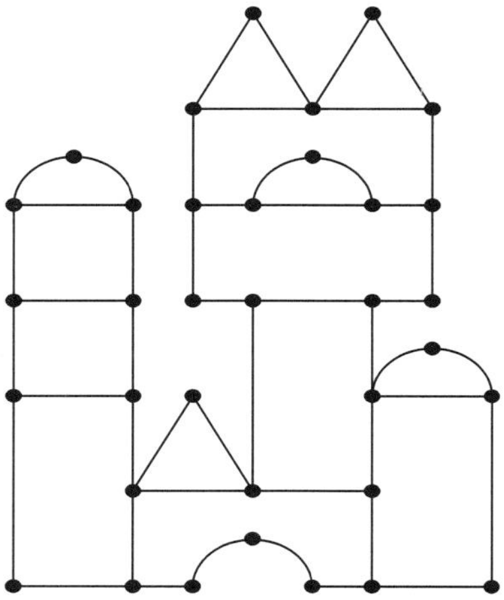

Vervollständige!

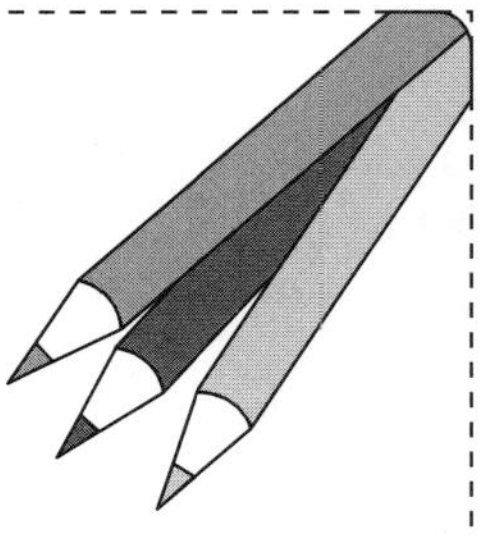

Zeichne die gestrichelten Linien nach und male das fertige Bild in deinen Lieblingsfarben aus!

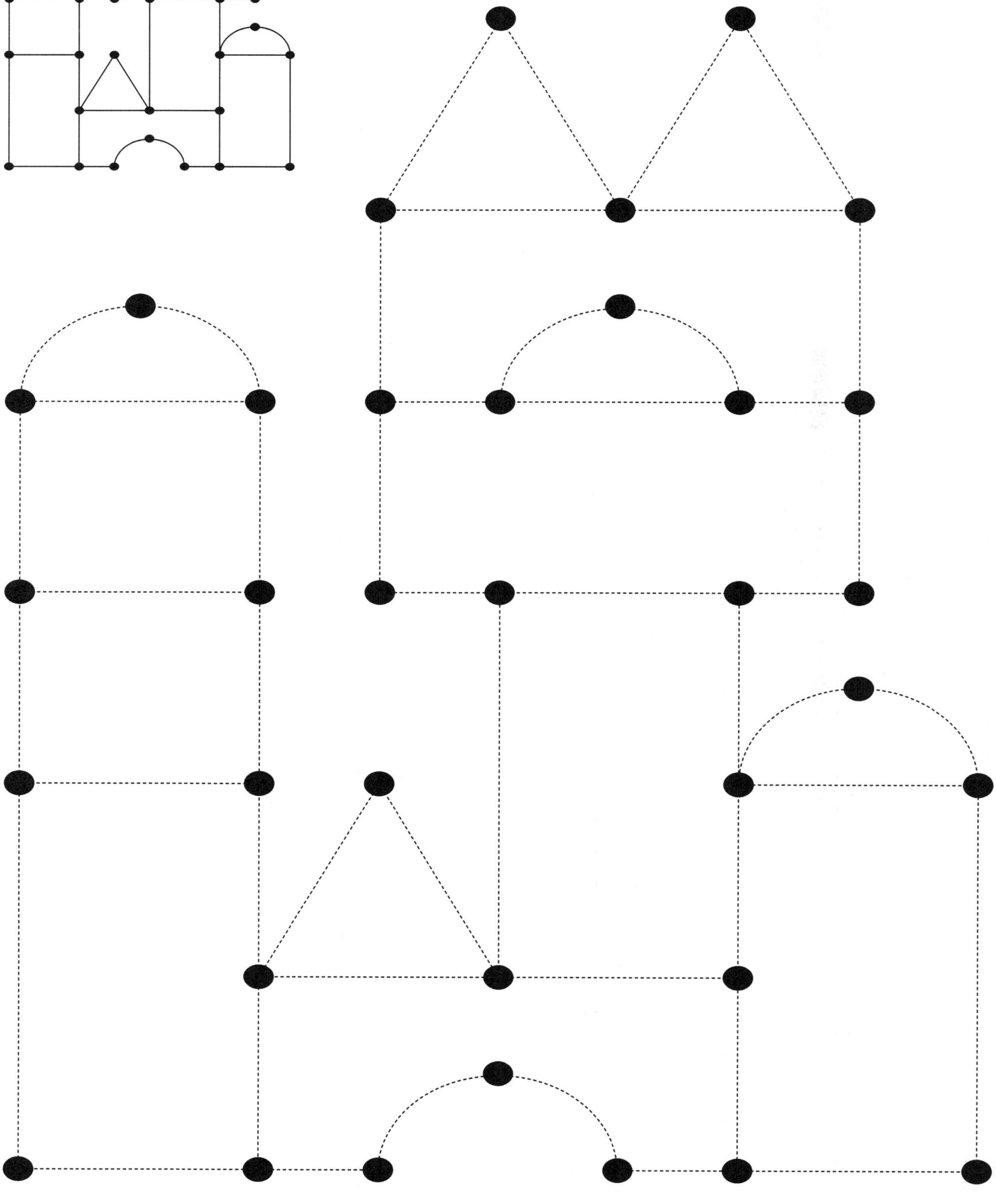

AUGE-HAND-KOORDINATION
Ein aufbauendes Trainingsprogramm zum Erwerb feinmotorischer Kompetenzen - Bestell-Nr. 11 207

Name

Klasse

Datum

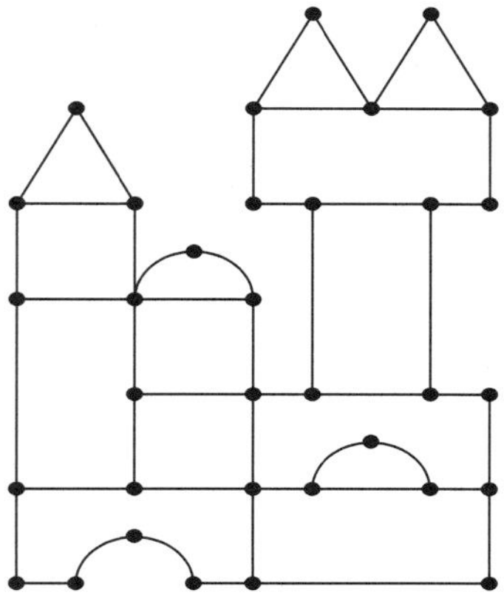

Vervollständige!

Zeichne die gestrichelten Linien nach und male das fertige Bild in deinen Lieblingsfarben aus!

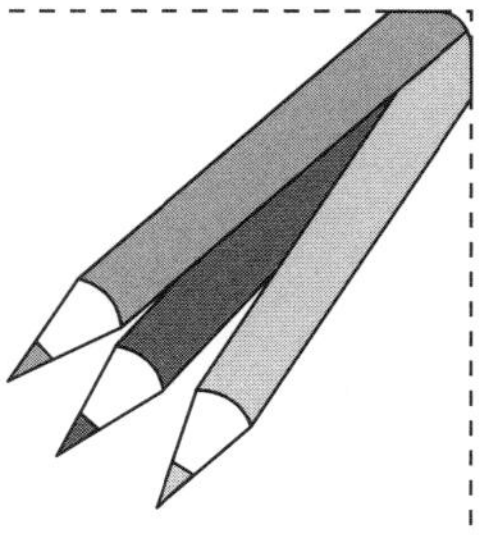

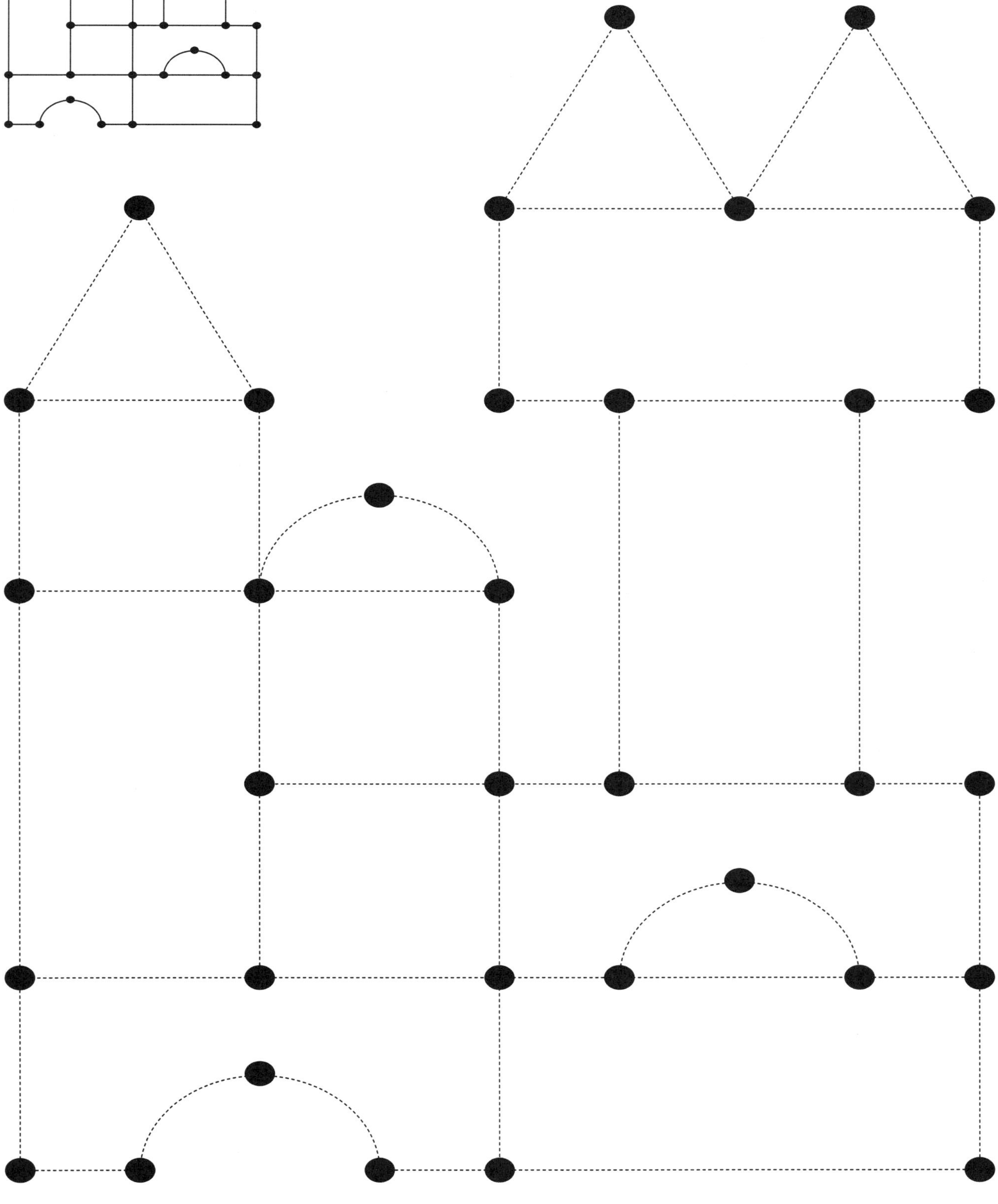

KOHL VERLAG Ein aufbauendes Trainingsprogramm zum Erwerb feinmotorischer Kompetenzen - Bestell-Nr. 11 207

Name

Klasse

Datum

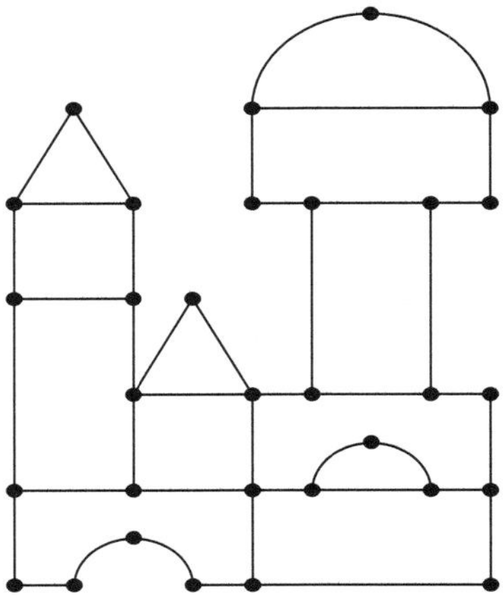

Vervollständige!

Zeichne die gestrichelten Linien nach und male das fertige Bild in deinen Lieblingsfarben aus!

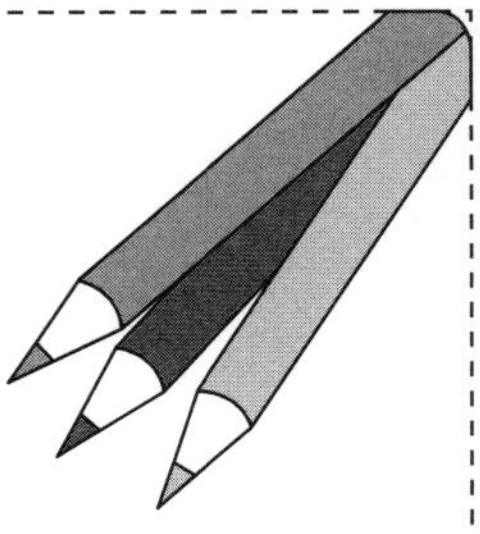

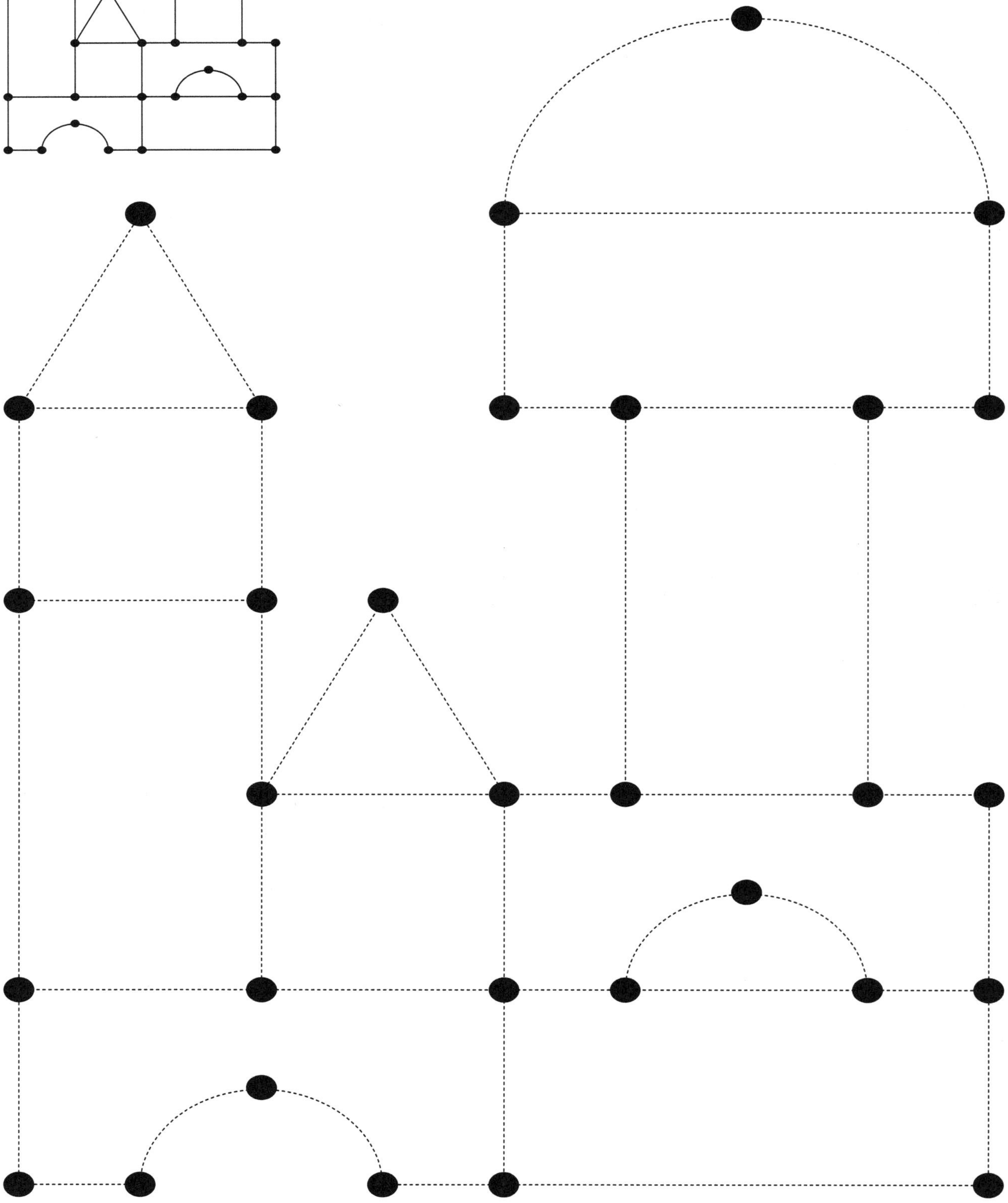

KOHL VERLAG
AUGE-HAND-KOORDINATION
Ein aufbauendes Trainingsprogramm zum Erwerb feinmotorischer Kompetenzen - Bestell-Nr. 11 207

Name | Klasse | Datum

Vervollständige!

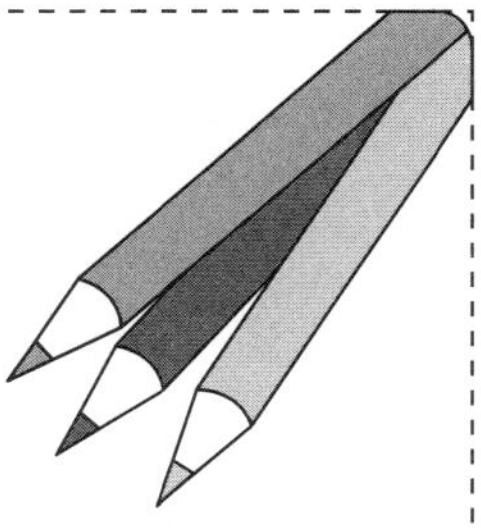

Zeichne das untere Bild mit einem spitzen Stift nach!
Ergänze die Objekte, die fehlen!
Male - wenn du willst - eins der beiden Bilder mit deinen Lieblingsfarben aus!

KOHL VERLAG Ein aufbauendes Trainingsprogramm zum Erwerb feinmotorischer Kompetenzen - Bestell-Nr. 11 207

Name

Klasse

Datum

Vervollständige!

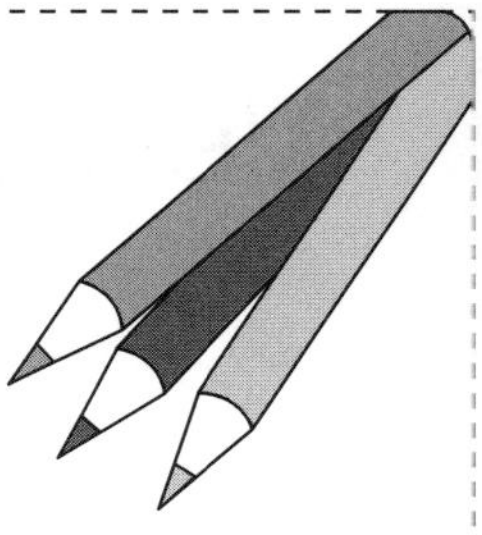

Zeichne das untere Bild mit einem spitzen Stift nach!
Ergänze die Objekte, die fehlen!
Male - wenn du willst - eins der beiden Bilder mit deinen Lieblingsfarben aus!

Name

Klasse

Datum

Vervollständige!

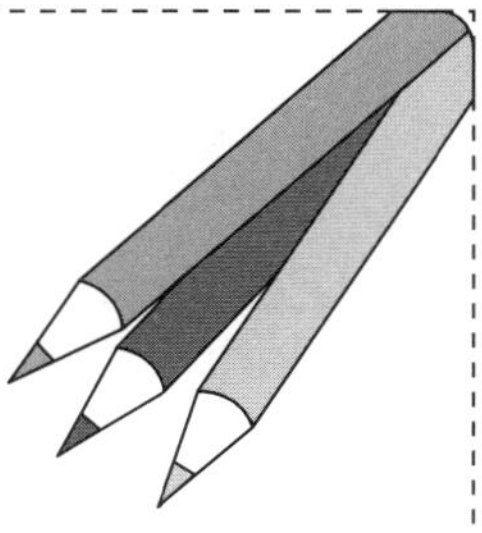

Zeichne das untere Bild mit einem spitzen Stift nach!
Ergänze die Objekte, die fehlen!
Male - wenn du willst - eins der beiden Bilder mit deinen Lieblingsfarben aus!

KOHL VERLAG Ein aufbauendes Trainingsprogramm zum Erwerb feinmotorischer Kompetenzen - Bestell-Nr. 11 207

Name

Klasse

Datum

Übertrage das Muster!

Zeichne die gestrichelten Objekte mit einem Bleistift nach und übertrage dann das gleiche Muster in das freie Feld rechts daneben!

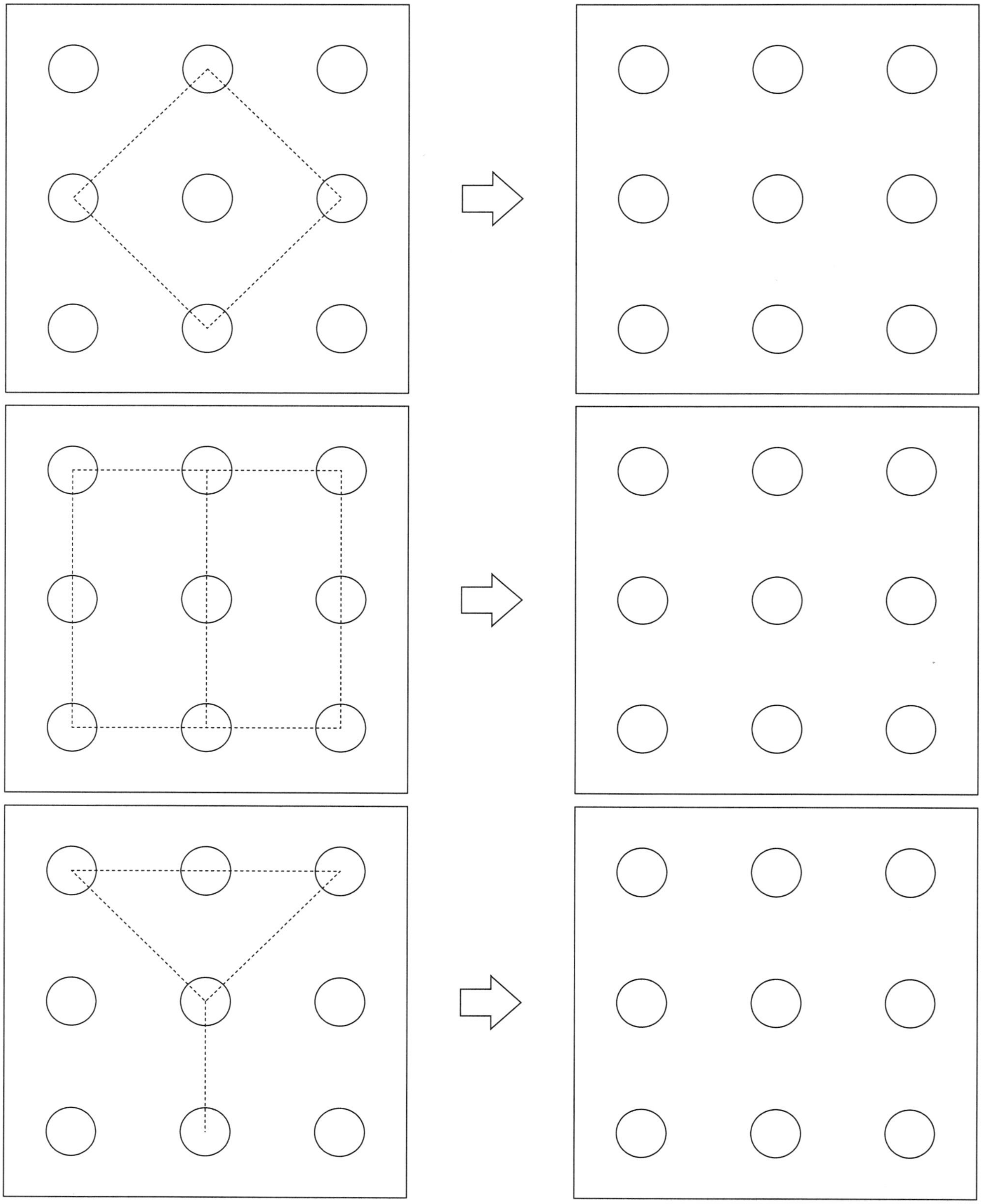

KOHL VERLAG
AUGE-HAND-KOORDINATION
Ein aufbauendes Trainingsprogramm zum Erwerb feinmotorischer Kompetenzen - Bestell-Nr. 11 207

Name

Klasse

Datum

Übertrage das Muster!

Zeichne die gestrichelten Objekte mit einem Bleistift nach und übertrage dann das gleiche Muster in das freie Feld rechts daneben!

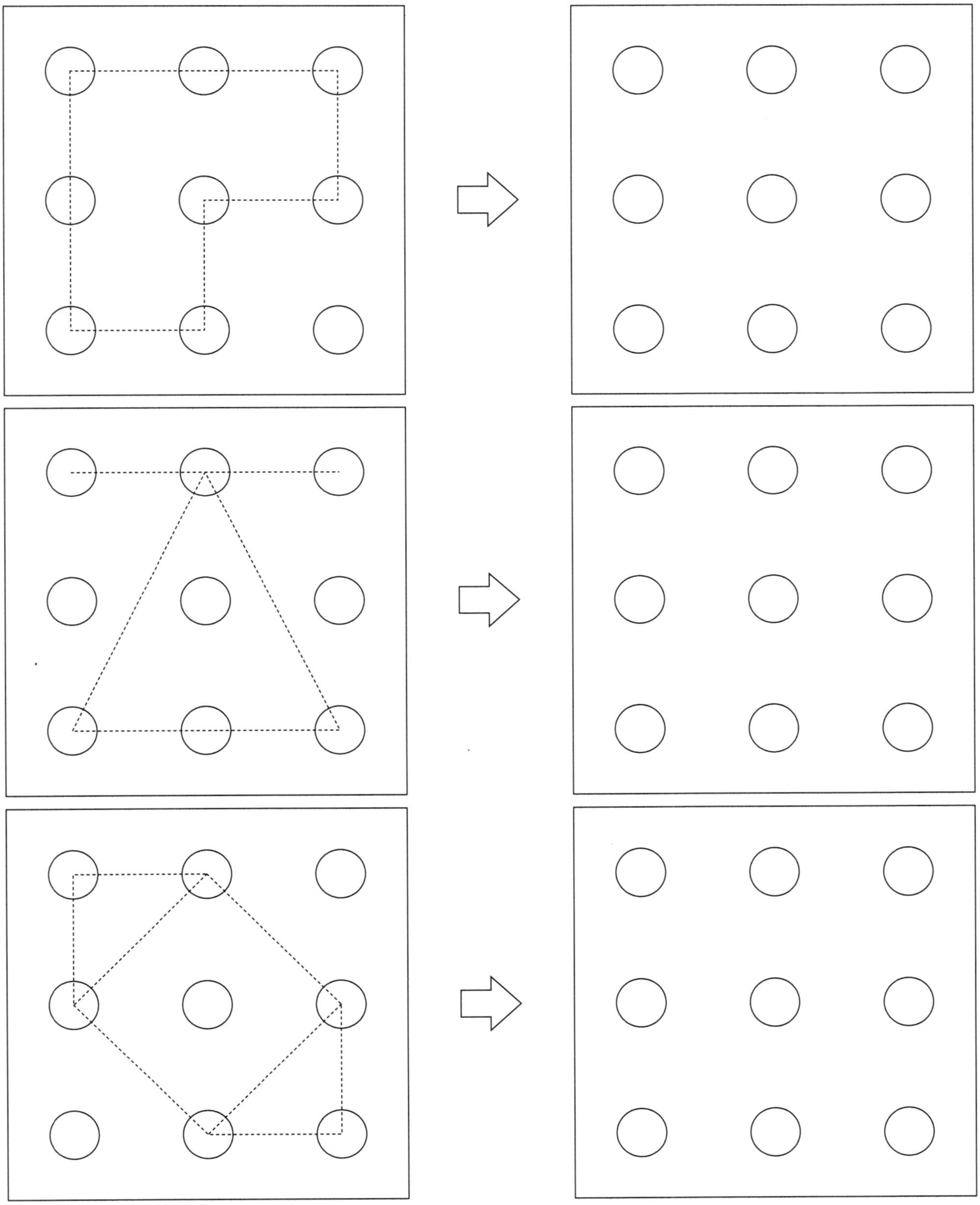

KOHL VERLAG Ein aufbauendes Trainingsprogramm zum Erwerb feinmotorischer Kompetenzen - Bestell-Nr. 11 207

Name

Klasse

Datum

Übertrage das Muster!

Zeichne die gestrichelten Objekte mit einem Bleistift nach und übertrage dann das gleiche Muster in das freie Feld rechts daneben!

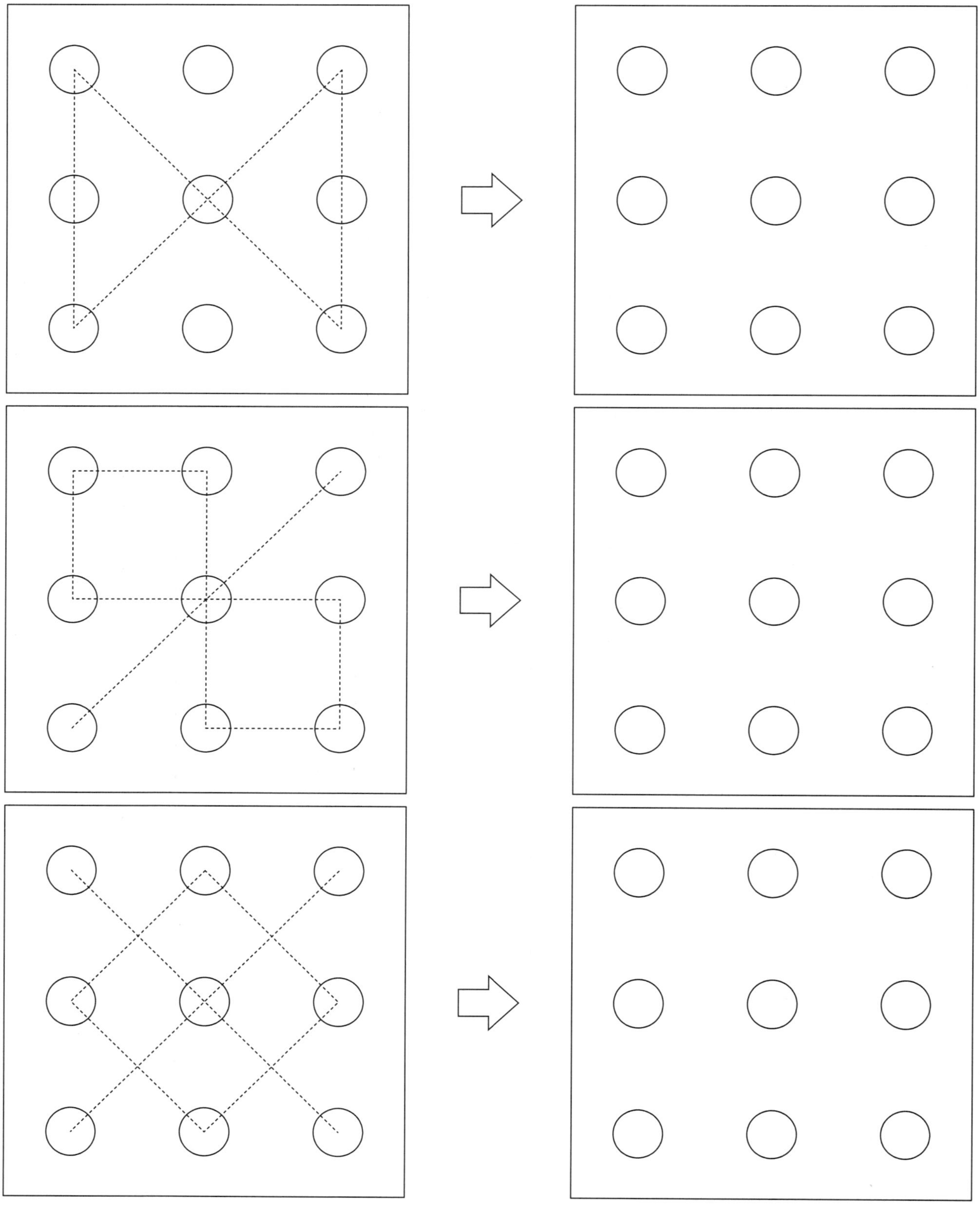

KOHL VERLAG
AUGE-HAND-KOORDINATION
Ein aufbauendes Trainingsprogramm zum Erwerb feinmotorischer Kompetenzen - Bestell-Nr. 11 207

Name

Klasse

Datum

Übertrage!

Ziehe die gepunkteten Linien mit einem spitzen Stift nach, übertrage die Objekte in die leeren Punktefelder und male sie, wenn du möchtest, farbig aus!

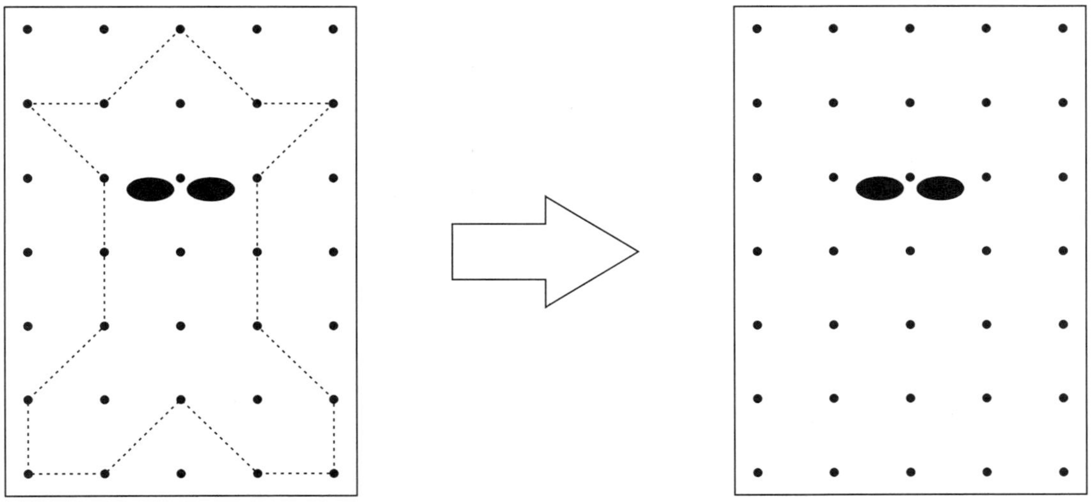

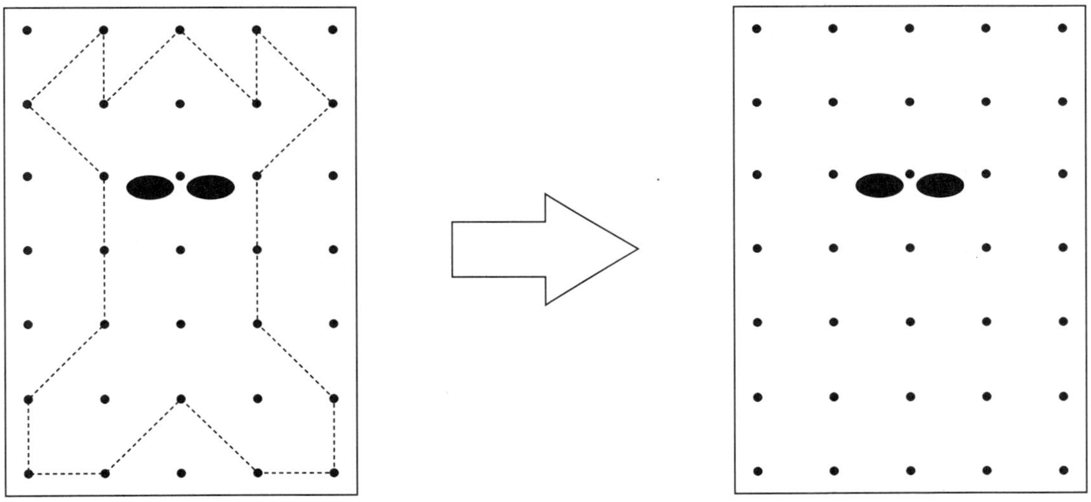

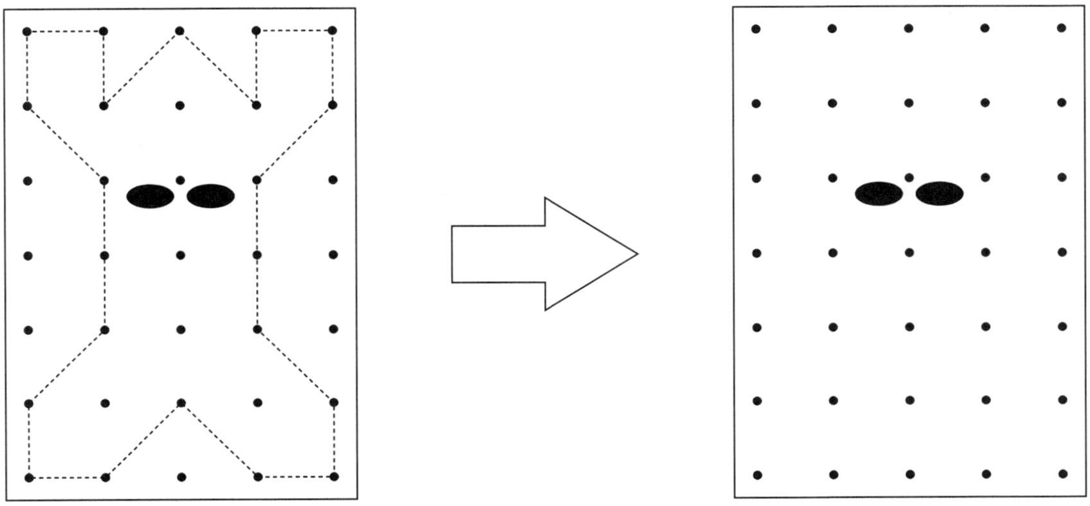

KOHL VERLAG Ein aufbauendes Trainingsprogramm zum Erwerb feinmotorischer Kompetenzen - Bestell-Nr. 11 207

Name | Klasse | Datum

Übertrage!

Ziehe die gepunkteten Linien mit einem spitzen Stift nach, übertrage die Objekte in die leeren Punktefelder und male sie, wenn du möchtest, farbig aus!

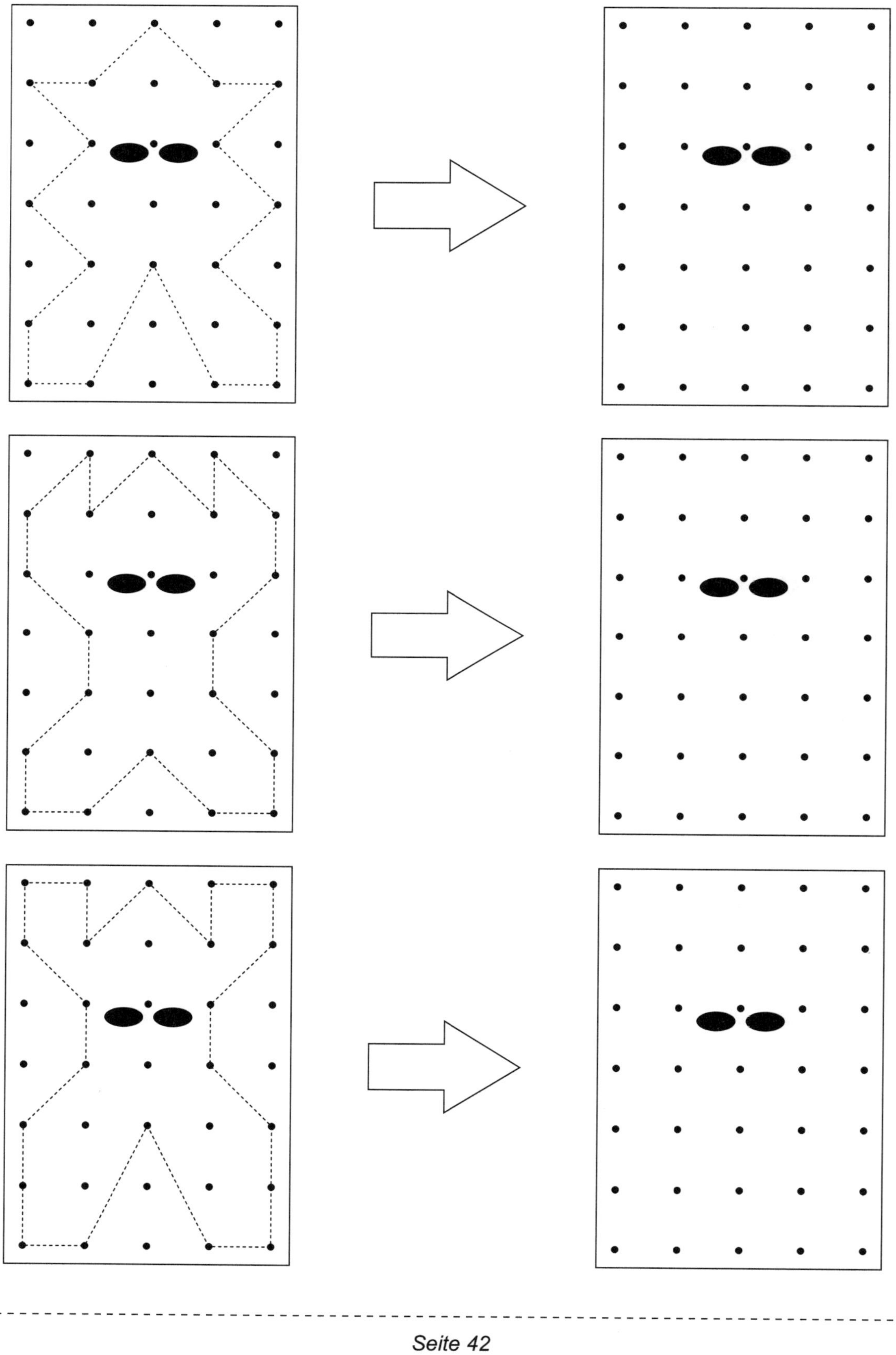

KOHL VERLAG
AUGE-HAND-KOORDINATION
Ein aufbauendes Trainingsprogramm zum Erwerb feinmotorischer Kompetenzen - Bestell-Nr. 11 207

Name | Klasse | Datum

Übertrage!

Ziehe die gepunkteten Linien mit einem spitzen Stift nach, übertrage die Objekte in die leeren Punktefelder und male sie, wenn du möchtest, farbig aus!

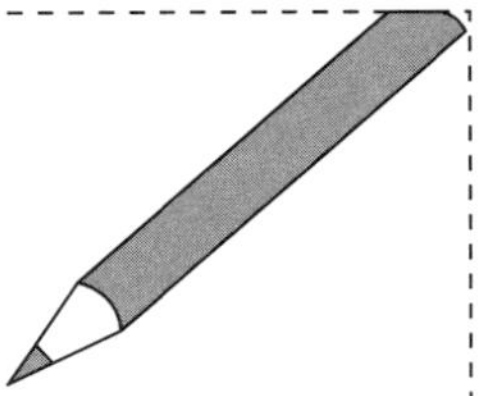

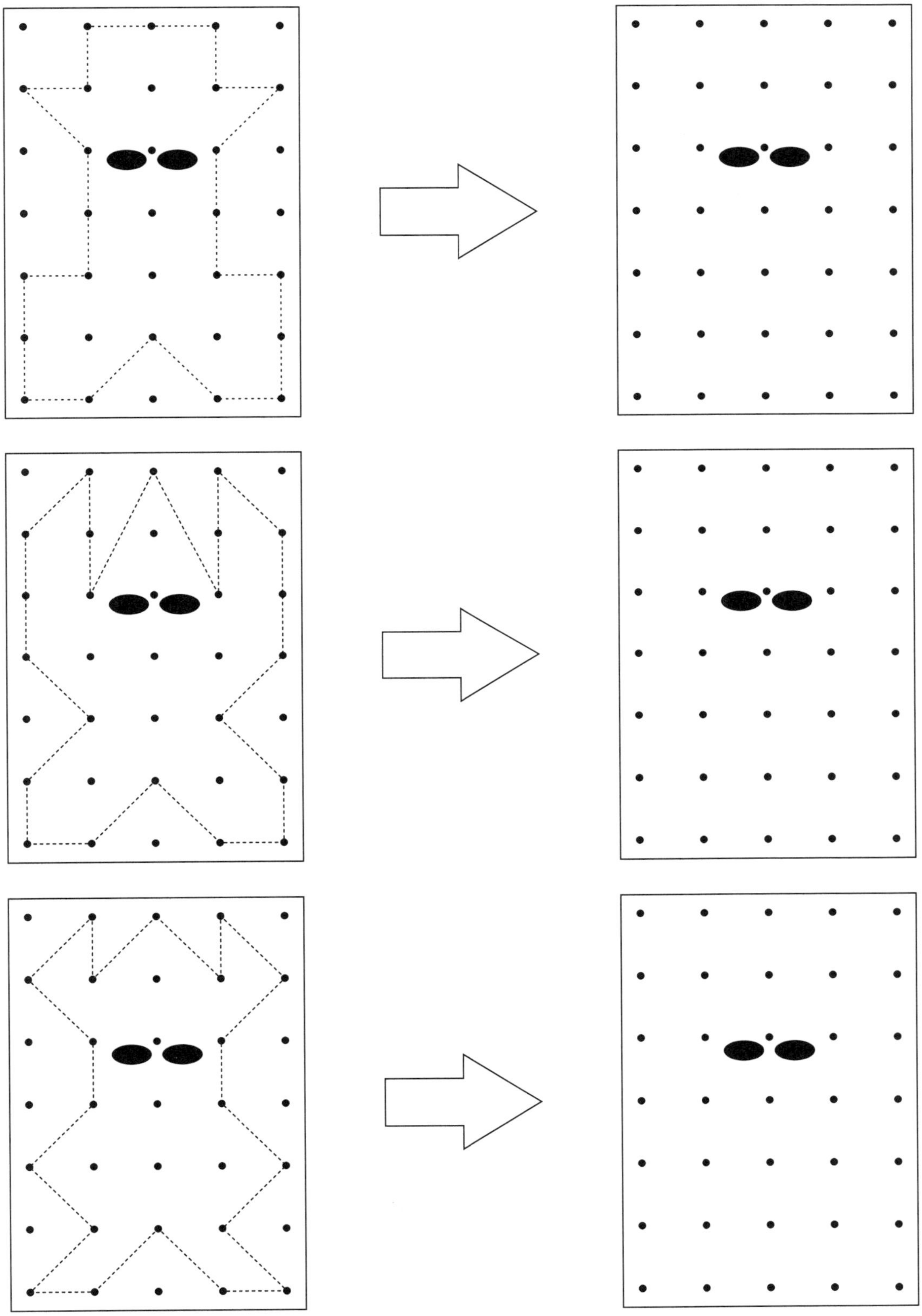

Name

Klasse

Datum

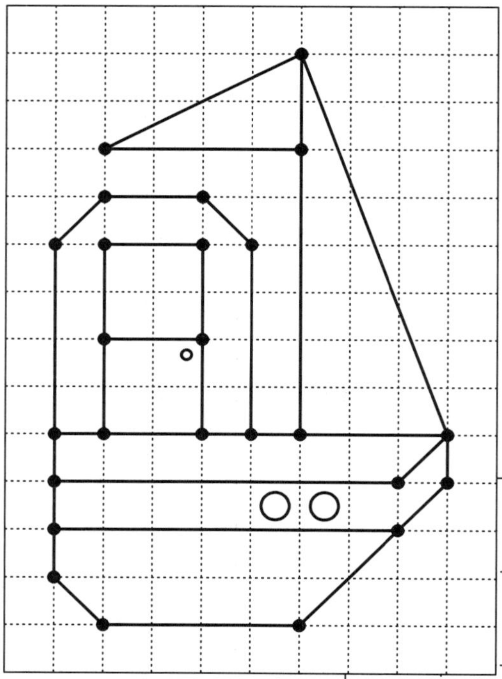

Übertrage!

Übertrage das Feld in das leere Gitterfeld und male es - wenn du möchtest - in deinen Lieblingsfarben aus!

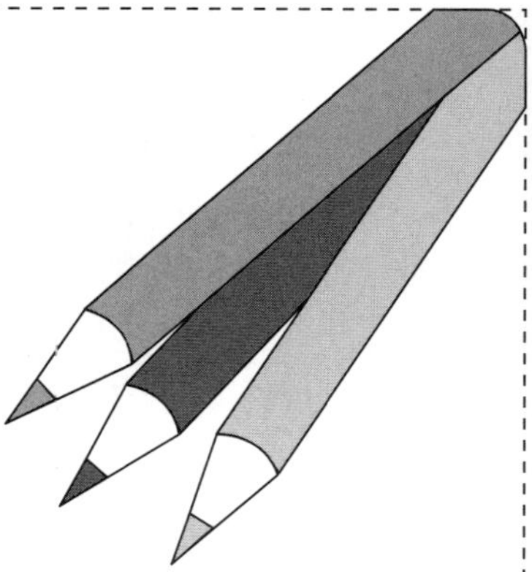

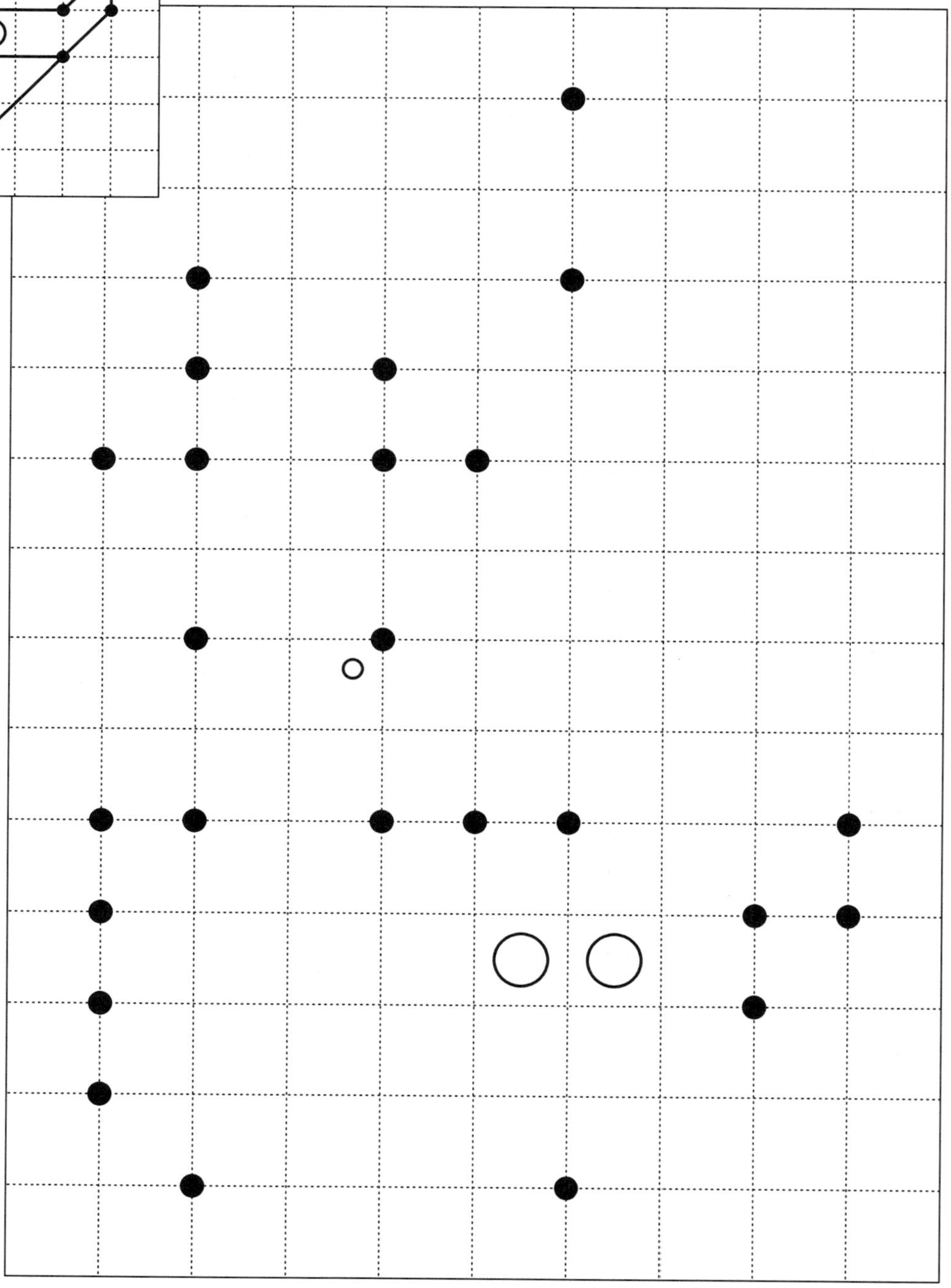

KOHL VERLAG
AUGE-HAND-KOORDINATION
Ein aufbauendes Trainingsprogramm zum Erwerb feinmotorischer Kompetenzen - Bestell-Nr. 11 207

Name

Klasse

Datum

Übertrage!

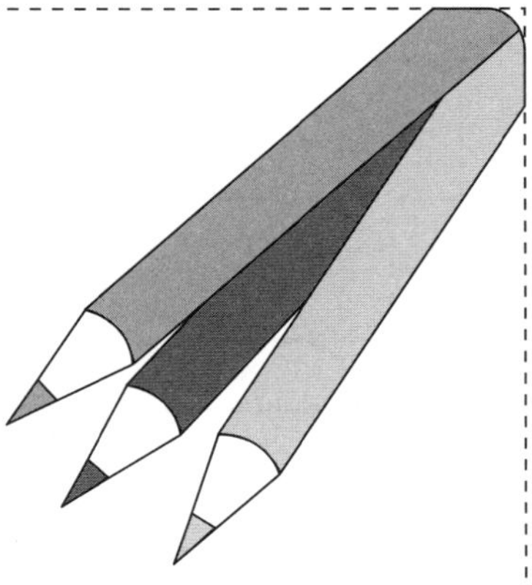

Übertrage das Bild in das leere Gitterfeld und male es - wenn du möchtest - in deinen Lieblingsfarben aus!

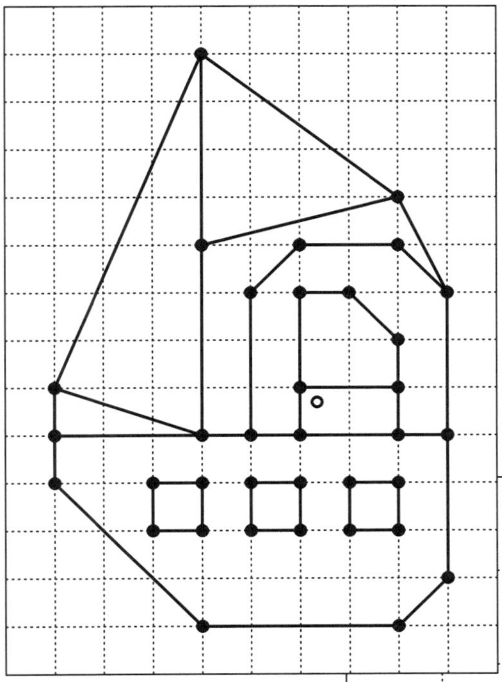

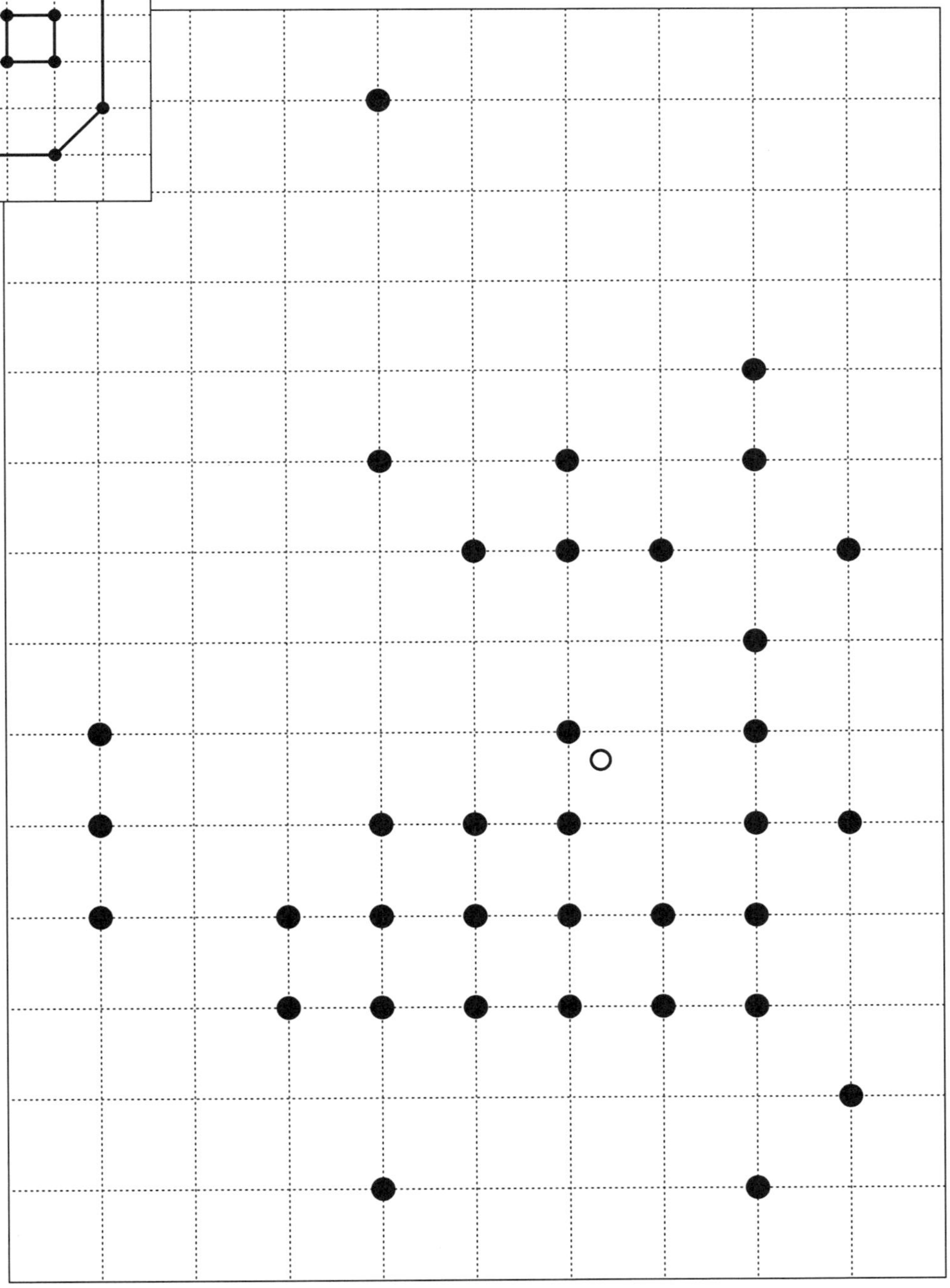

KOHL VERLAG Ein aufbauendes Trainingsprogramm zum Erwerb feinmotorischer Kompetenzen - Bestell-Nr. 11 207

Name

Klasse

Datum

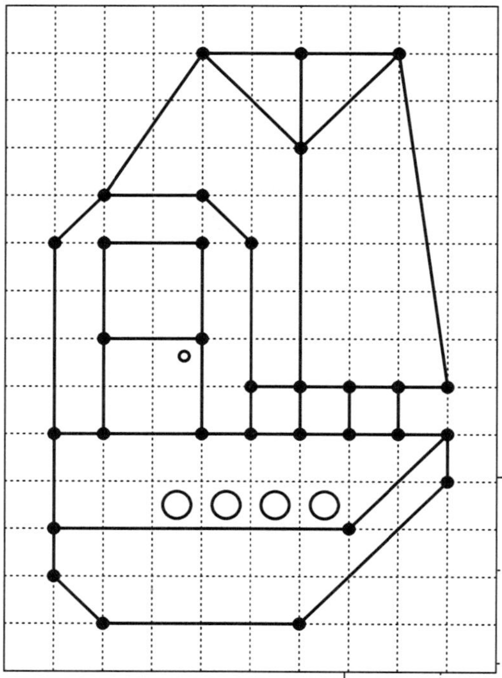

Übertrage!

Übertrage das Bild in das leere Gitterfeld und male es - wenn du möchtest - in deinen Lieblingsfarben aus!

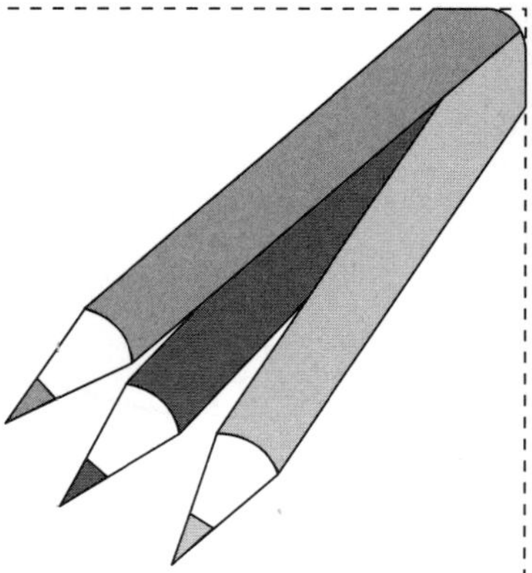

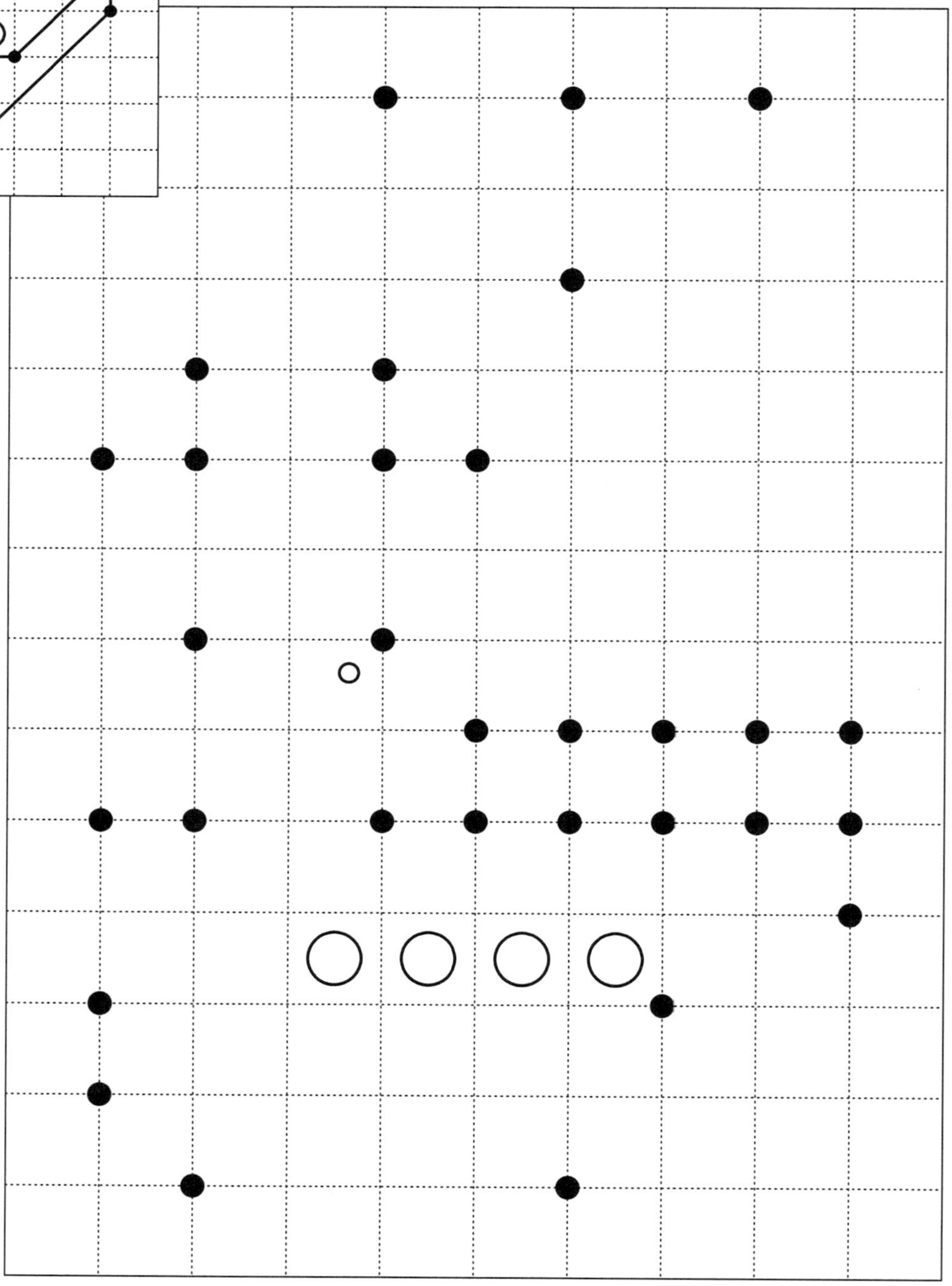

KOHL VERLAG
AUGE-HAND-KOORDINATION
Ein aufbauendes Trainingsprogramm zum Erwerb feinmotorischer Kompetenzen - Bestell-Nr. 11 207

Name

Klasse

Datum

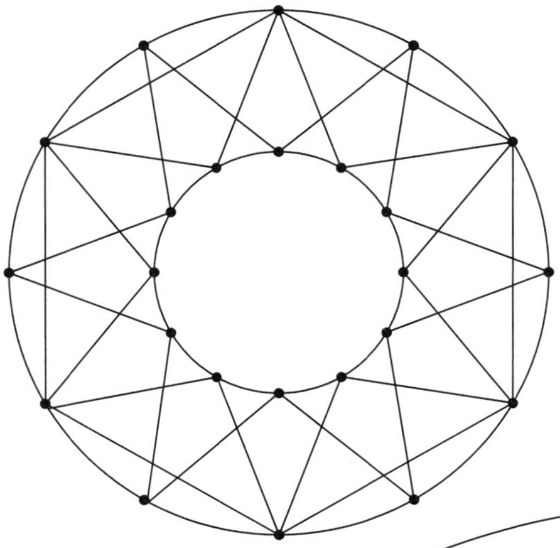

Doppelkreise

Übertrage das Muster in den unteren Kreis und male es dann sorgfältig in deinen Lieblingsfarben aus!

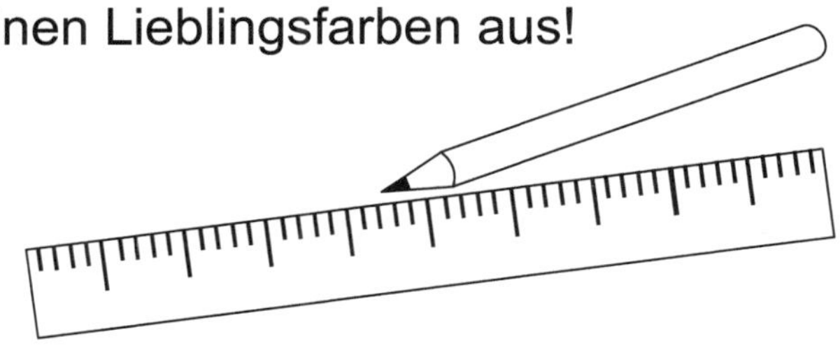

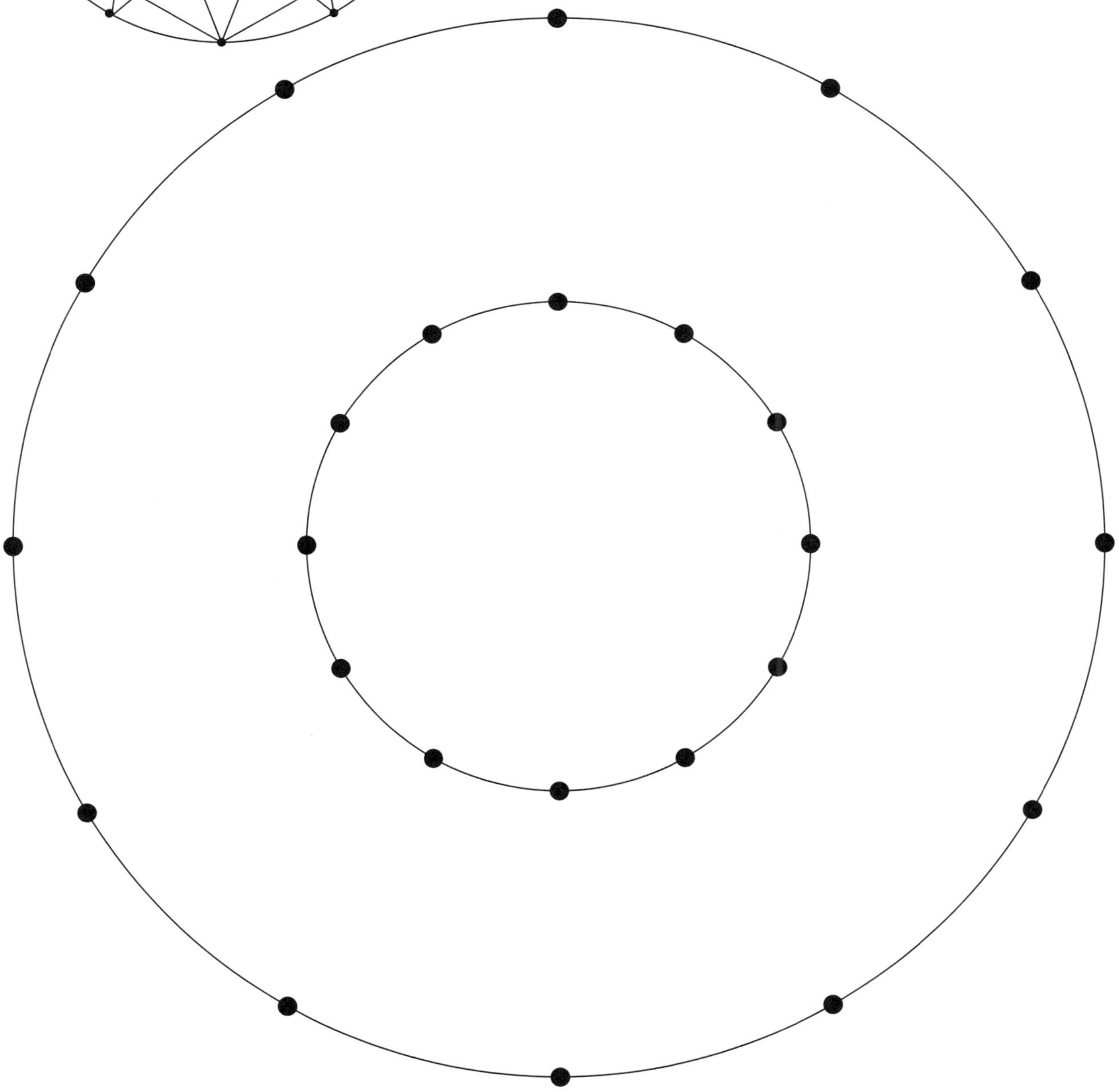

KOHL VERLAG Ein aufbauendes Trainingsprogramm zum Erwerb feinmotorischer Kompetenzen - Bestell-Nr. 11 207

Name | Klasse | Datum

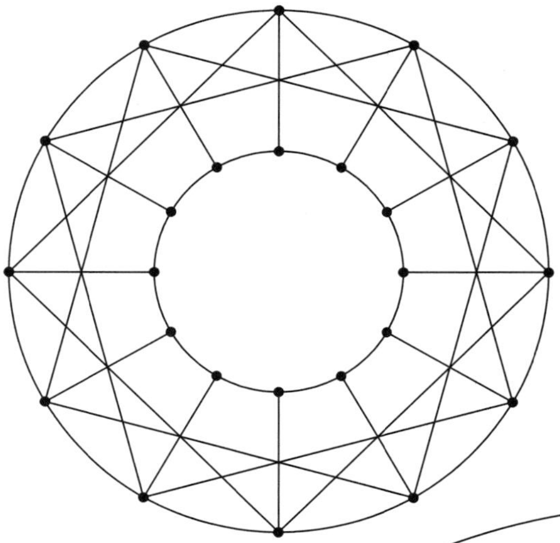

Doppelkreise

Übertrage das Muster in den unteren Kreis und male es dann sorgfältig in deinen Lieblingsfarben aus!

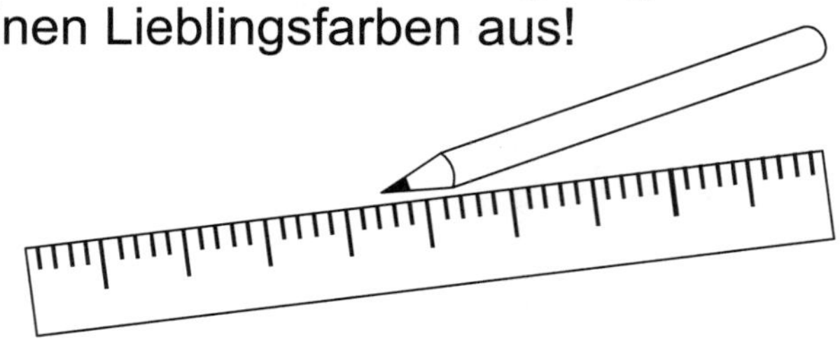

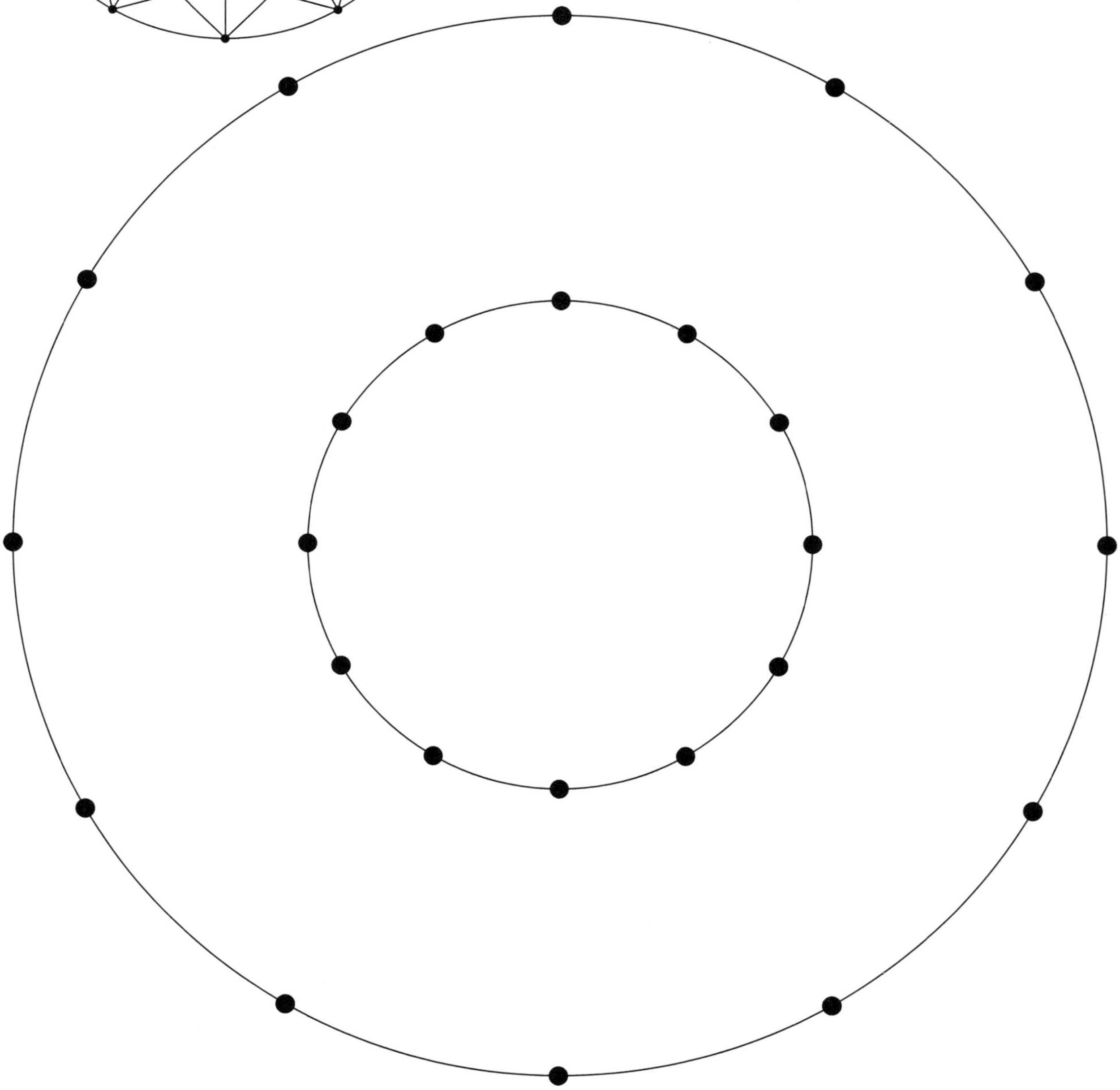

Name

Klasse

Datum

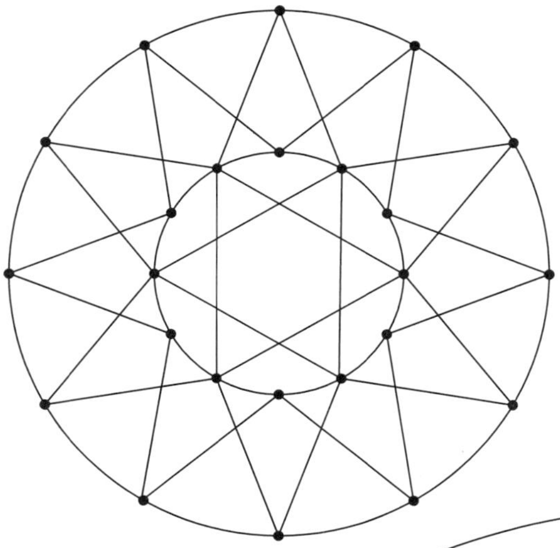

Doppelkreise

Übertrage das Muster in den unteren Kreis und male es dann sorgfältig in deinen Lieblingsfarben aus!

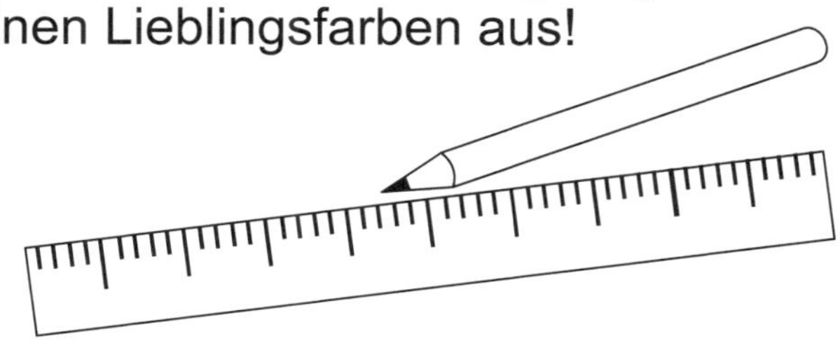

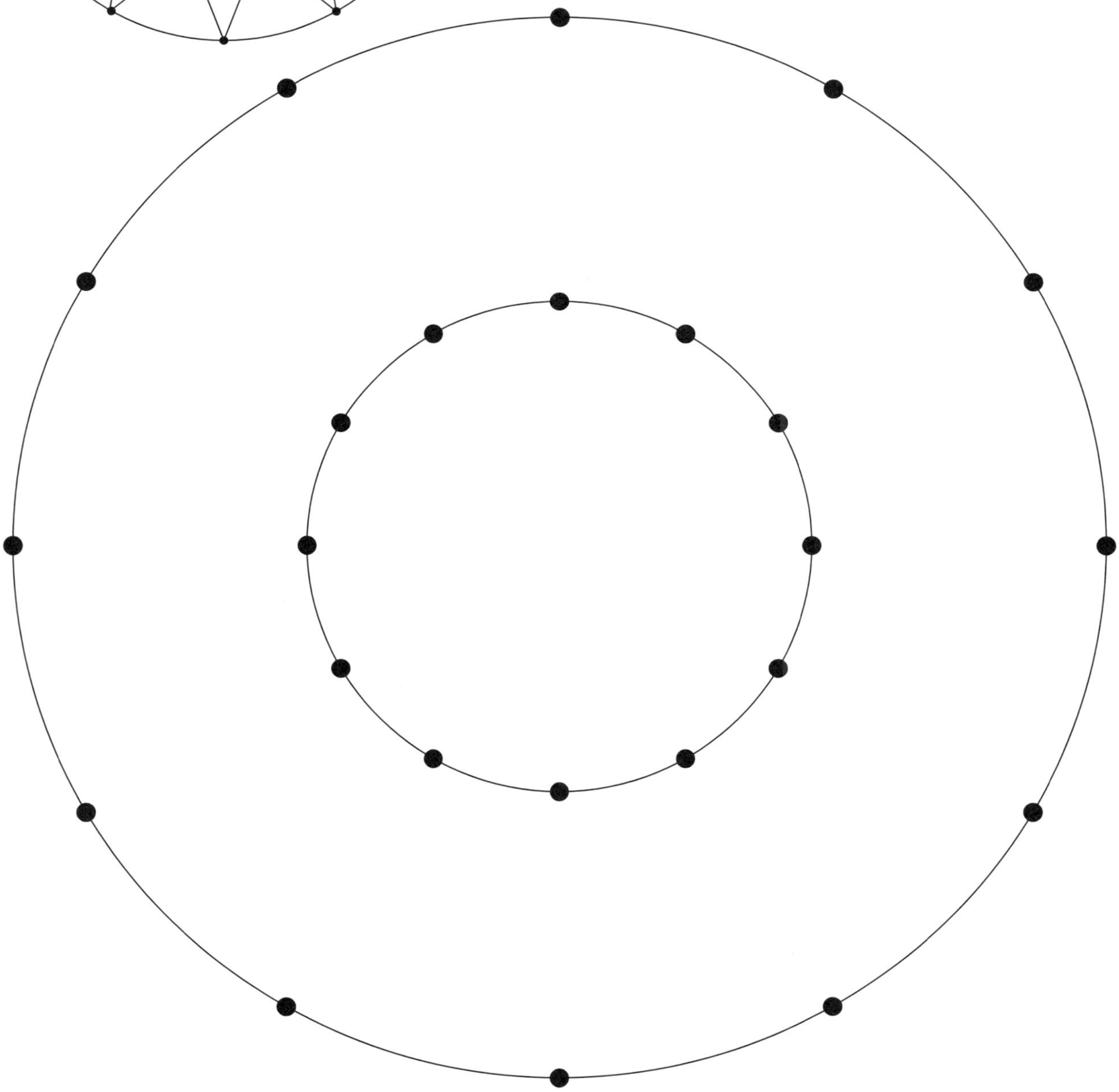

KOHL VERLAG Ein aufbauendes Trainingsprogramm zum Erwerb feinmotorischer Kompetenzen - Bestell-Nr. 11 207

Name

Klasse

Datum

Punktebild

Verbinde mit Lineal und Bleistift die jeweils unten angegebenen Punkte! Zeichne das fertige Mandala farbig aus!

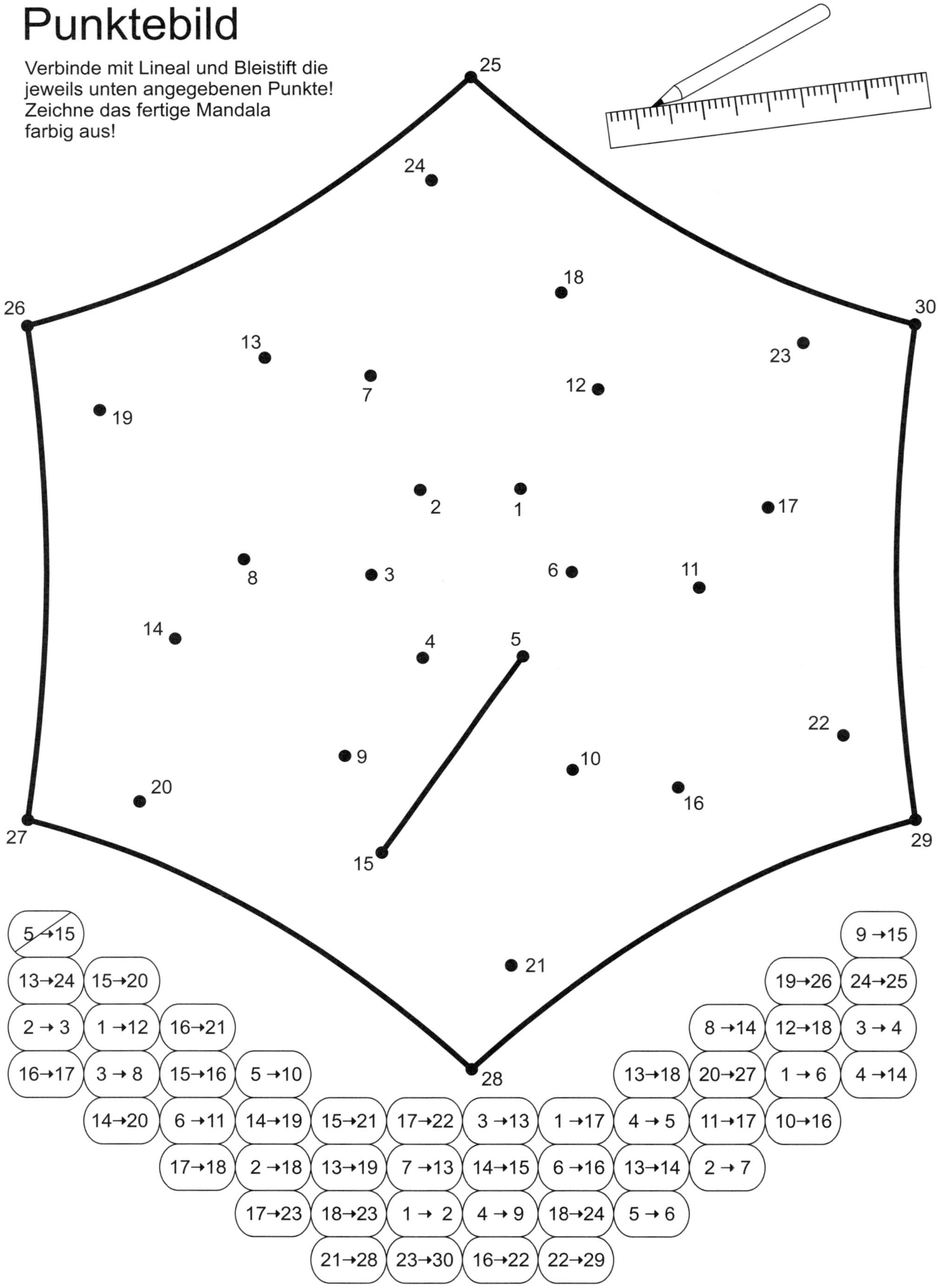

~~5→15~~	9→15								
13→24	15→20	19→26	24→25						
2→3	1→12	16→21	8→14	12→18	3→4				
16→17	3→8	15→16	5→10	13→18	20→27	1→6	4→14		
14→20	6→11	14→19	15→21	17→22	3→13	1→17	4→5	11→17	10→16
17→18	2→18	13→19	7→13	14→15	6→16	13→14	2→7		
17→23	18→23	1→2	4→9	18→24	5→6				
21→28	23→30	16→22	22→29						

KOHL VERLAG Lernen mit Erfolg
AUGE-HAND-KOORDINATION
Ein aufbauendes Trainingsprogramm zum Erwerb feinmotorischer Kompetenzen - Bestell-Nr. 11 207

Name

Klasse

Datum

Punktebild

Verbinde mit Lineal und Bleistift die jeweils unten angegebenen Punkte! Zeichne das fertige Mandala farbig aus!

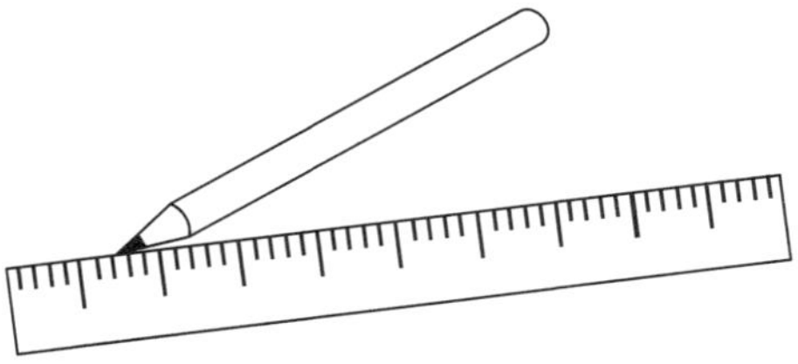

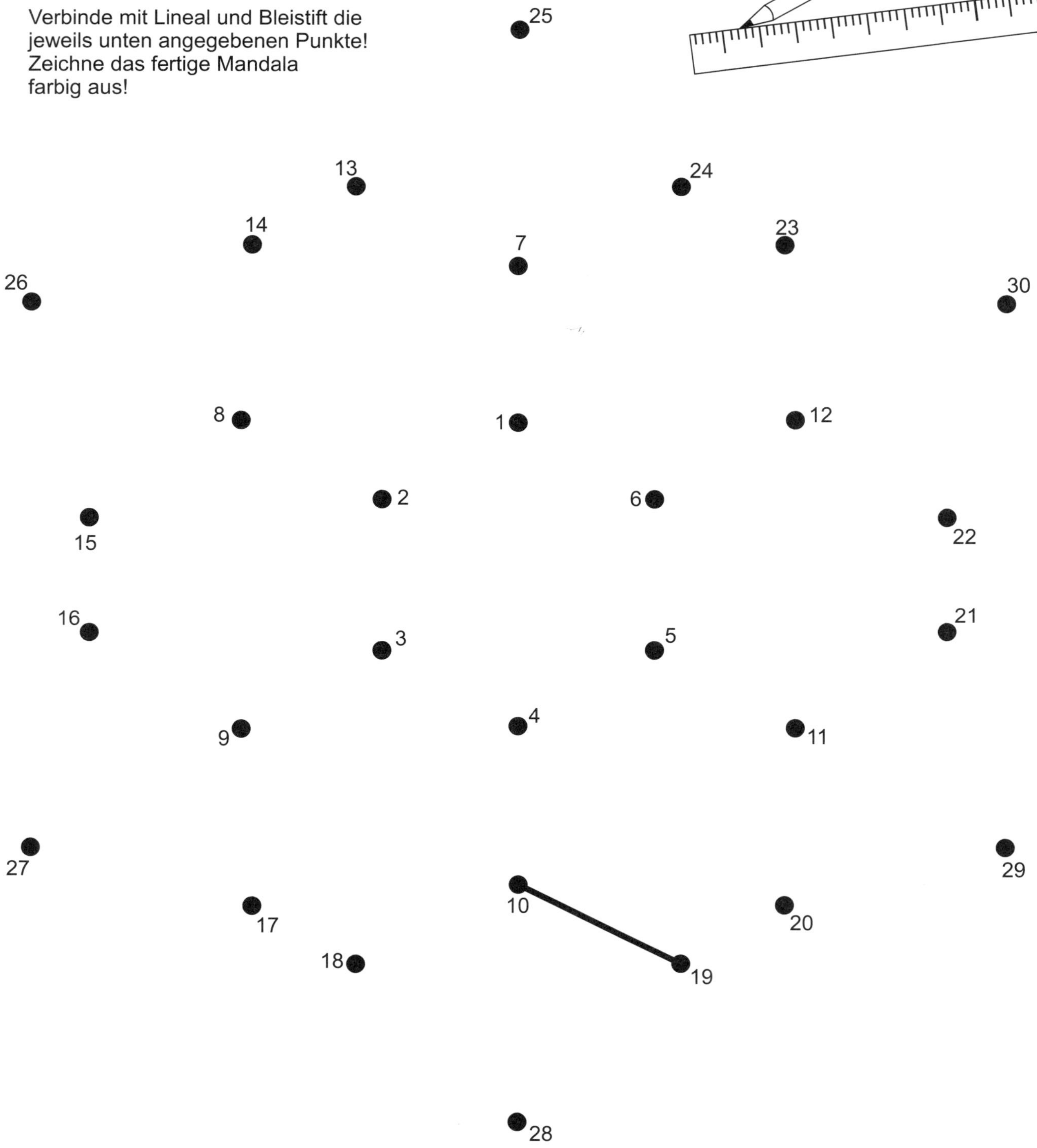

10 → 19	7 → 24	1 → 23	6 → 22	4 → 19	15 → 8	26 → 27	2 → 13	18 → 28	12 → 22	14 → 8	11 → 21
14 → 2	16 → 3	13 → 7	27 → 16	25 → 30	17 → 4	1 → 24	27 → 17	23 → 30	15 → 3	18 → 10	16 → 9
6 → 21	22 → 30	13 → 25	5 → 20	28 → 29	26 → 14	29 → 30	25 → 24	20 → 11	18 → 4	17 → 3	19 → 5
27 → 28	9 → 17	25 → 26	13 → 1	15 → 2	6 → 23	26 → 15	21 → 29	23 → 12	5 → 21	28 → 19	20 → 29

KOHL VERLAG Ein aufbauendes Trainingsprogramm zum Erwerb feinmotorischer Kompetenzen - Bestell-Nr. 11 207

Name

Klasse

Datum

Punktebild

Verbinde mit Lineal und Bleistift die jeweils unten angegebenen Punkte! Zeichne das fertige Mandala farbig aus!

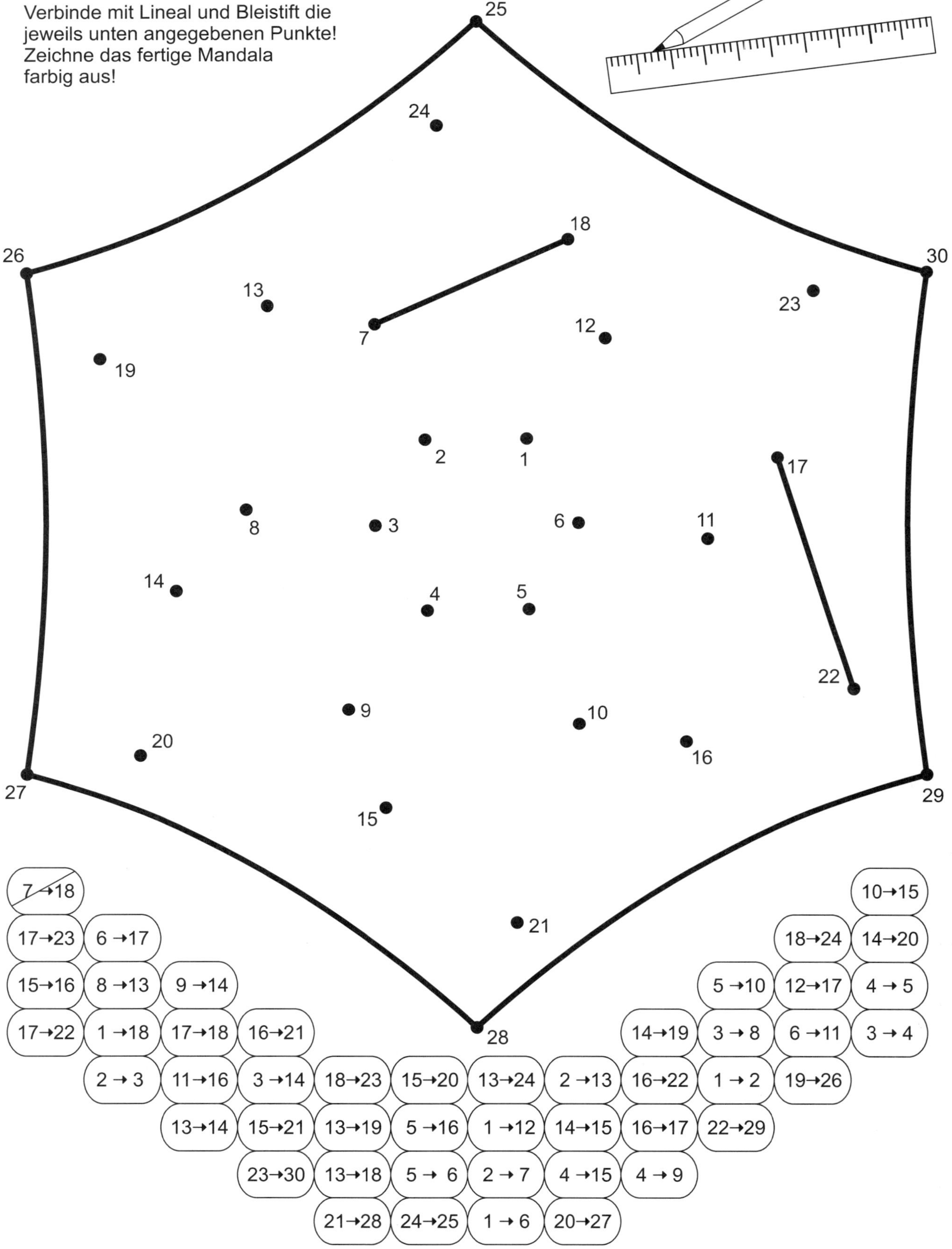

~~7→18~~ | 10→15

17→23 | 6→17 | 18→24 | 14→20

15→16 | 8→13 | 9→14 | 5→10 | 12→17 | 4→5

17→22 | 1→18 | 17→18 | 16→21 | 14→19 | 3→8 | 6→11 | 3→4

2→3 | 11→16 | 3→14 | 18→23 | 15→20 | 13→24 | 2→13 | 16→22 | 1→2 | 19→26

13→14 | 15→21 | 13→19 | 5→16 | 1→12 | 14→15 | 16→17 | 22→29

23→30 | 13→18 | 5→6 | 2→7 | 4→15 | 4→9

21→28 | 24→25 | 1→6 | 20→27

KOHL VERLAG Lernen mit Erfolg
AUGE-HAND-KOORDINATION
Ein aufbauendes Trainingsprogramm zum Erwerb feinmotorischer Kompetenzen - Bestell-Nr. 11 207

Seite 5

Malübung

Male beide Tiere sorgfältig
in deinen Lieblingsfarben aus!

Seite 6

Malübung

Male beide Tiere sorgfältig in deinen Lieblingsfarben aus!

Seite 7

Malübung

Male das Mandala sorgfältig
in deinen Lieblingsfarben aus!

Seite 8

Malübung

Male das Mandala sorgfältig
in deinen Lieblingsfarben aus!

KOHL VERLAG Ein aufbauendes Trainingsprogramm zum Erwerb feinmotorischer Kompetenzen - Bestell-Nr. 11 207

Seite 9

Zeichne fertig!

Zeichne mit einem spitzen Stift die Punktelinien nach und male dann das ganze Bild in deinen Lieblingsfarben aus!

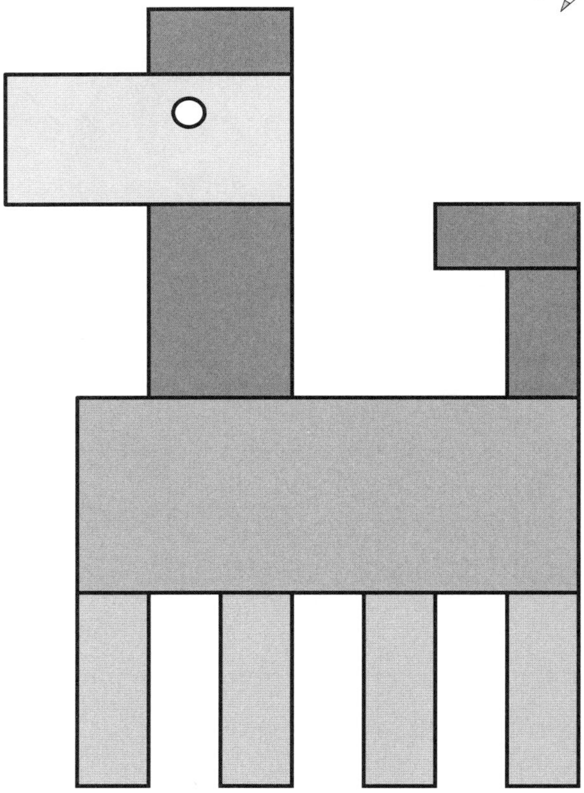

Seite 10

Zeichne fertig!

Zeichne mit einem spitzen Stift die Punktelinien nach und male dann das ganze Bild in deinen Lieblingsfarben aus!

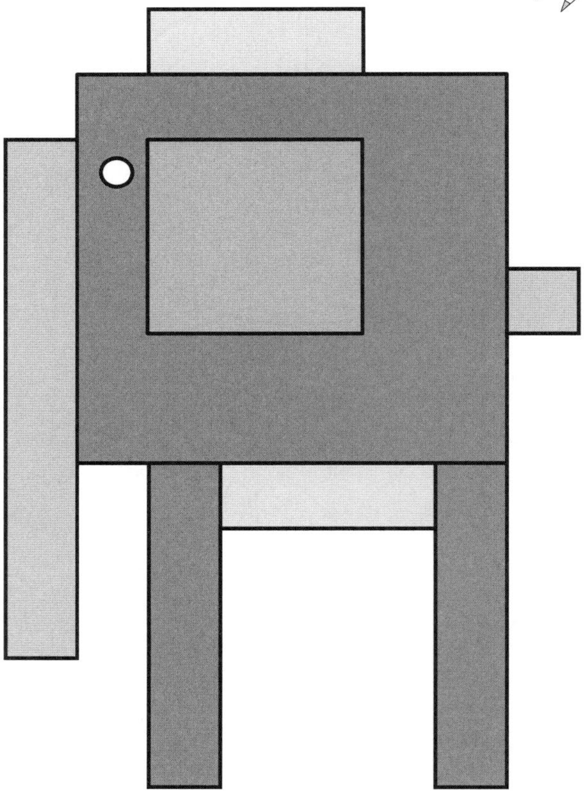

Seite 11

Zeichne fertig!

Zeichne mit einem spitzen Stift die Punktelinien nach und male dann das ganze Bild in deinen Lieblingsfarben aus!

Seite 12

Zeichne fertig!

Zeichne mit einem spitzen Stift die Punktelinien nach und male dann das ganze Bild in deinen Lieblingsfarben aus!

Seite 13

Zeichne fertig!

Zeichne mit einem spitzen Stift die Punktelinien nach und male dann das ganze Bild in deinen Lieblingsfarben aus!

Seite 14

Zeichne den Weg!

Wie kommt die Angel zum Fisch? Zeichne den Weg mehrfach und mit verschiedenen Farben in das Labyrinth ein!

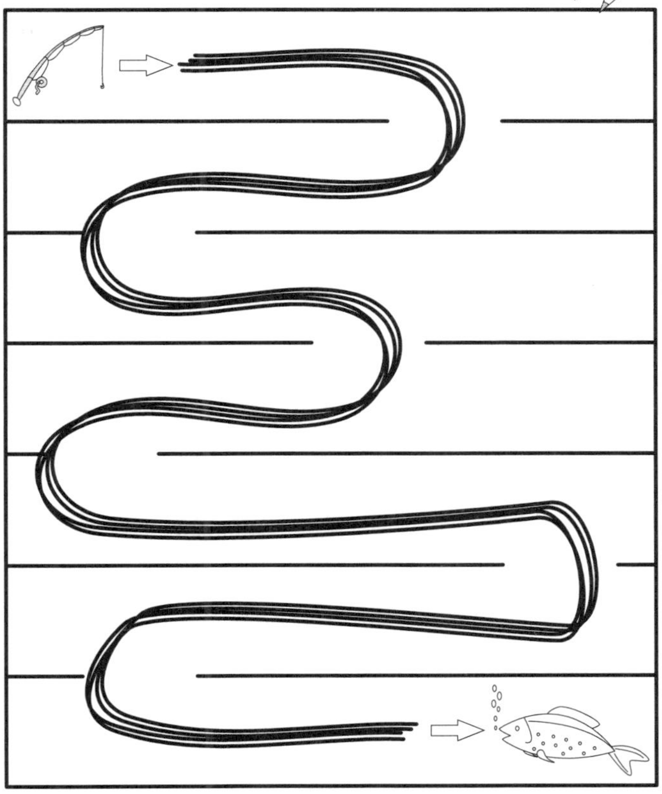

Seite 15

Zeichne den Weg!

Wie kommt die Maus zum Käse? Zeichne den Weg mehrfach und mit verschiedenen Farben in das Labyrinth ein!

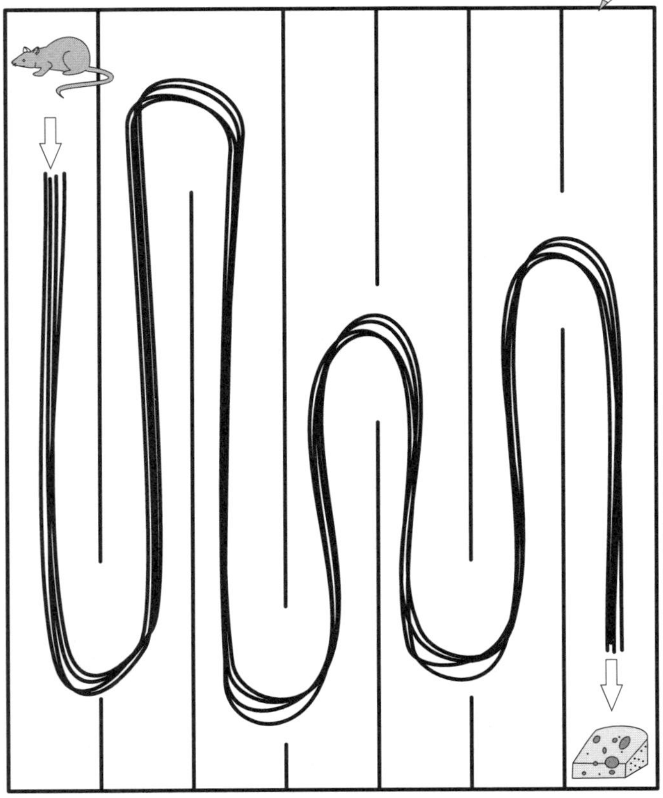

Seite 16

Labyrinth

Wie kommt der Affe zu der Banane? Male den Weg mehrfach und in verschiedenen Farben in das Labyrinth ein!

Seite 17

Labyrinth

Wie kommt der Vogel zum Nest? Male den Weg mehrfach und in verschiedenen Farben in das Labyrinth ein!

Seite 18

Zeichne nach!

Zeichne links mit einem spitzen Stift die Punktelinien nach und übertrage dann das Bild rechts in das freie Feld. Male eins der beiden Bilder in deinen Lieblingsfarben aus!

Seite 19

Zeichne nach!

Zeichne links mit einem spitzen Stift die Punktelinien nach und übertrage dann das Bild rechts in das freie Feld. Male eins der beiden Bilder in deinen Lieblingsfarben aus!

Seite 20

Zeichne nach!

Zeichne die gestrichelten Objekte mit einem Bleistift nach und übertrage dann die gleiche Figur in das freie Feld darunter. Male - wenn du willst - deine gezeichneten Objekte farbig aus!

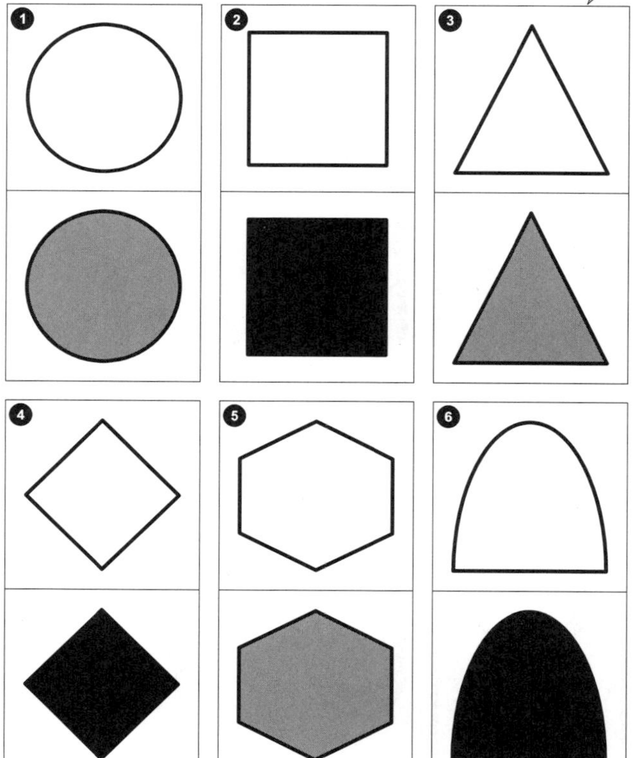

Seite 21

Zeichne nach!

Zeichne die gestrichelten Objekte mit einem Bleistift nach und übertrage dann die gleiche Figur in das freie Feld darunter. Male - wenn du willst - deine gezeichneten Objekte farbig aus!

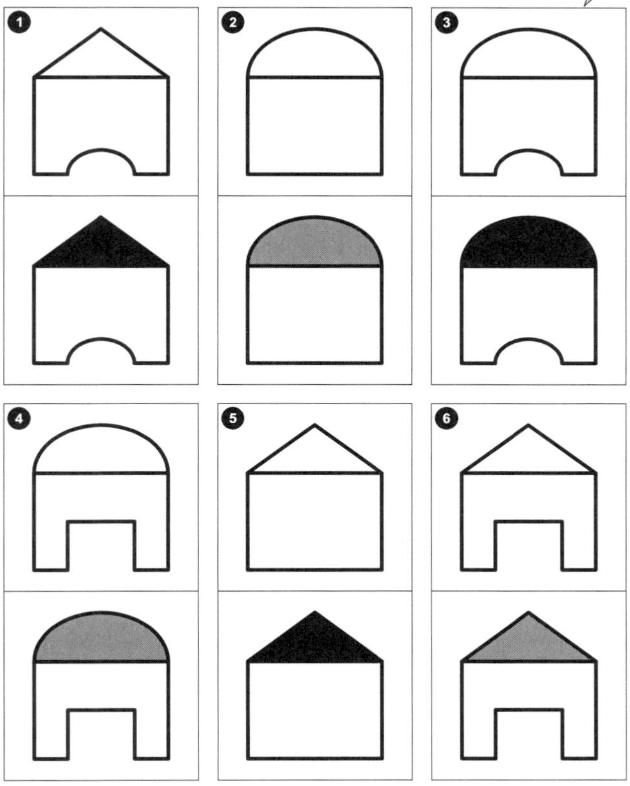

Seite 22

Zeichne nach!

Zeichne die gestrichelten Objekte mit einem Bleistift nach und übertrage dann die gleiche Figur in das freie Feld darunter. Male - wenn du willst - deine gezeichneten Objekte farbig aus!

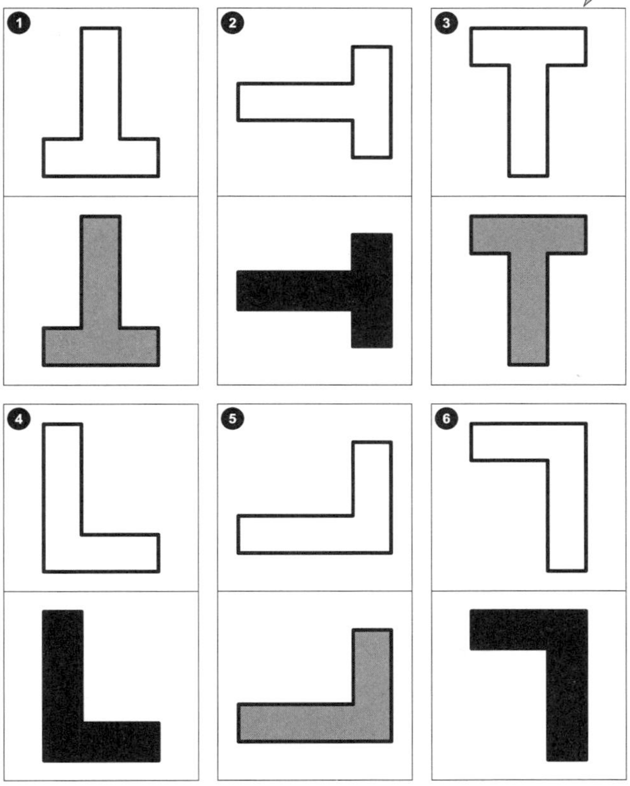

Seite 23

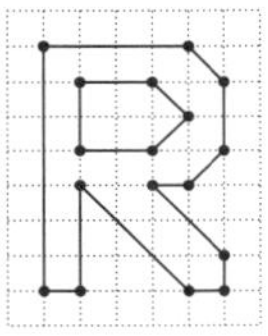

Zeichne nach!

Übertrage den Buchstaben in das untere Feld und male ihn dann farbig aus!

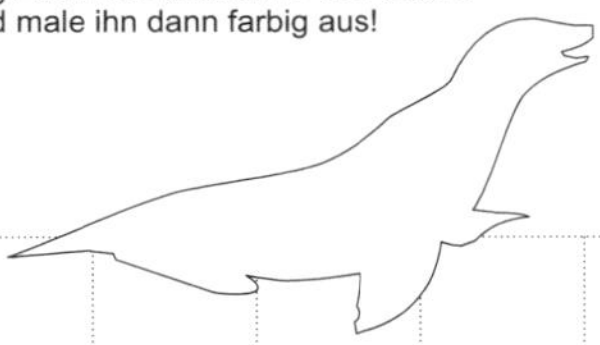

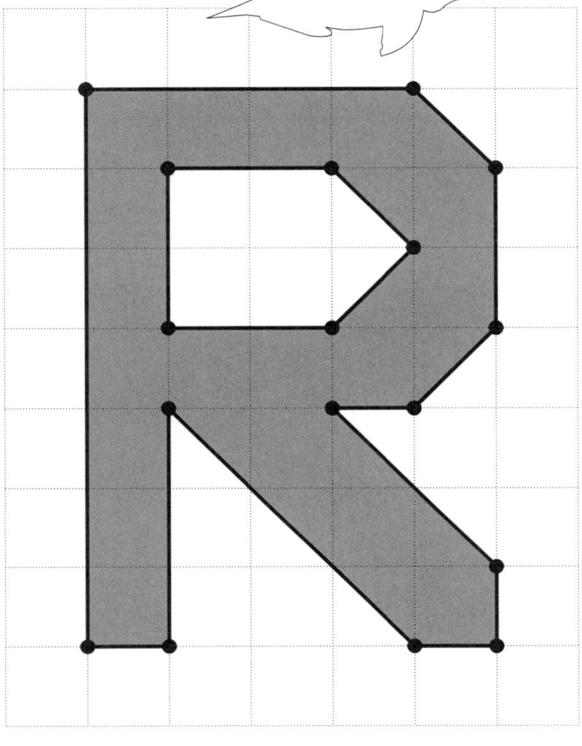

Seite 24

Zeichne nach!

Zeichne die gepunkteten Linien mit einem spitzen Stift nach, übertrage dann das Eulen-Bild sorgfältig in den Umriss und male das fertige Bild farbig aus!

KOHL VERLAG Ein aufbauendes Trainingsprogramm zum Erwerb feinmotorischer Kompetenzen - Bestell-Nr. 11 207

Seite 25

Zeichne nach!

Zeichne die gepunkteten Linien mit einem spitzen Stift nach, übertrage dann das Eulen-Bild sorgfältig in den Umriss und male das fertige Bild farbig aus!

Seite 26

Puzzle

Schneide die Puzzleteile aus, klebe sie richtig auf ein Blatt Papier und male das fertige Bild in deinen Lieblingsfarben aus!

Seite 27

Puzzle

Schneide die Puzzleteile aus, klebe sie richtig auf ein Blatt Papier und male das fertige Bild in deinen Lieblingsfarben aus!

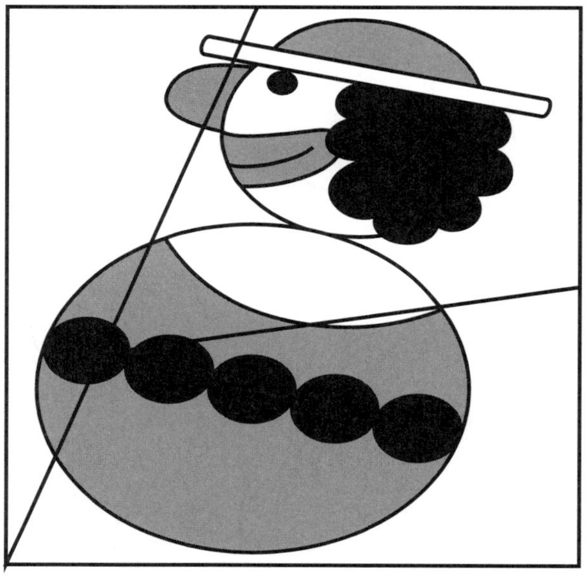

Seite 28

Puzzle

Schneide die Puzzleteile aus, klebe sie richtig auf ein Blatt Papier und male das fertige Bild in deinen Lieblingsfarben aus!

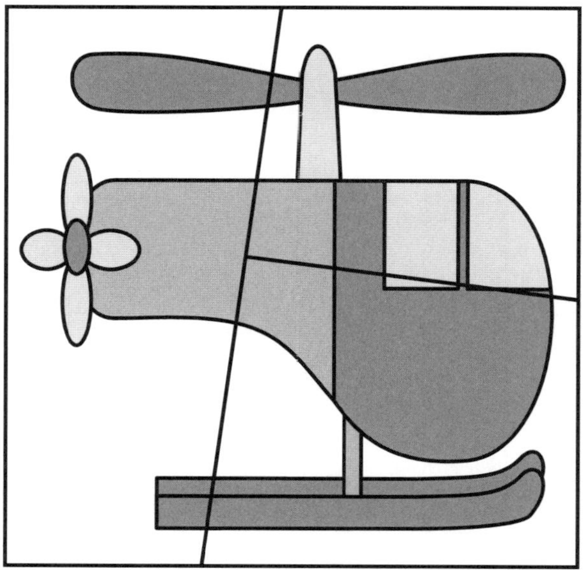

Seite 29

Puzzle

Schneide die Puzzleteile aus und klebe sie oben so in die freien Felder, dass ein fertiges Bild entsteht!

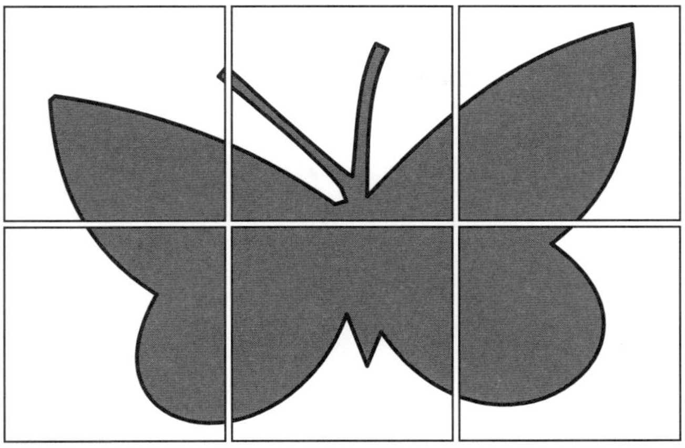

Seite 30

Puzzle

Schneide die Puzzleteile aus und klebe sie oben so in die freien Felder, dass ein fertiges Bild entsteht!

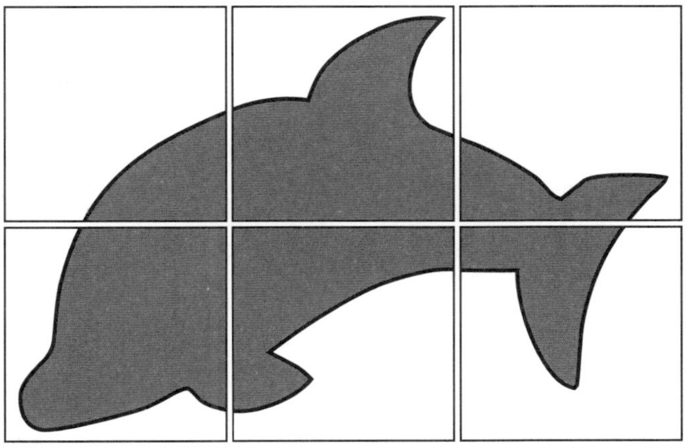

Seite 31

Puzzle

Schneide die Puzzleteile aus und klebe sie oben so in die freien Felder, dass ein fertiges Bild entsteht!

Seite 32

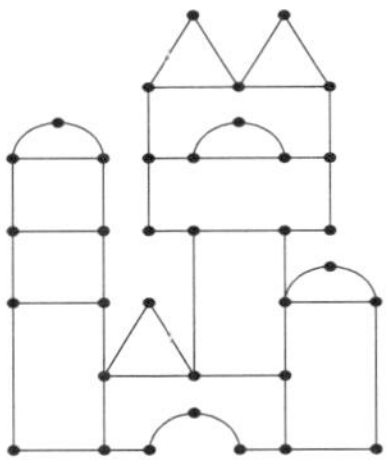

Vervollständige!

Zeichne die gestrichelten Linien nach und male das fertige Bild in deinen Lieblingsfarben aus!

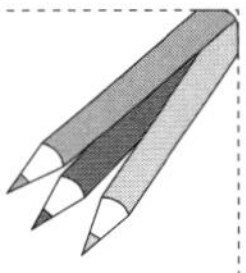

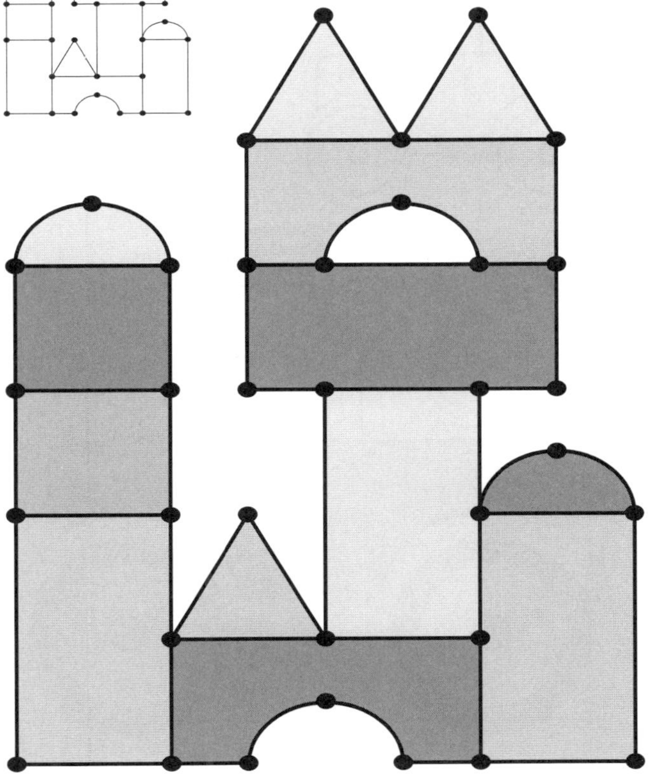

KOHL VERLAG Ein aufbauendes Trainingsprogramm zum Erwerb feinmotorischer Kompetenzen - Bestell-Nr. 11 207

Seite 33

Vervollständige!

Zeichne die gestrichelten Linien nach und male das fertige Bild in deinen Lieblingsfarben aus!

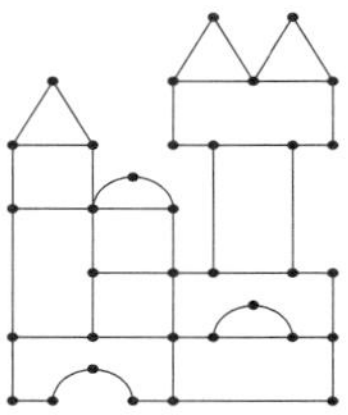

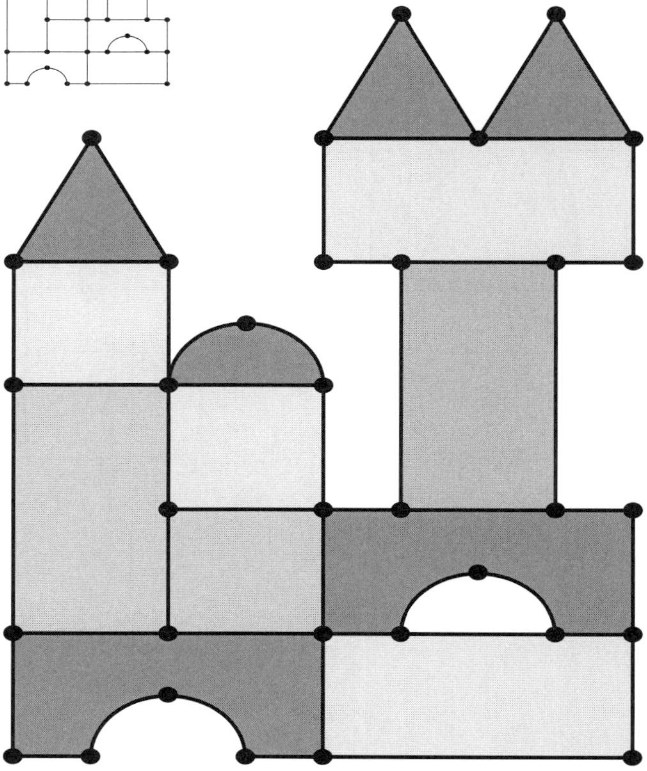

Seite 34

Vervollständige!

Zeichne die gestrichelten Linien nach und male das fertige Bild in deinen Lieblingsfarben aus!

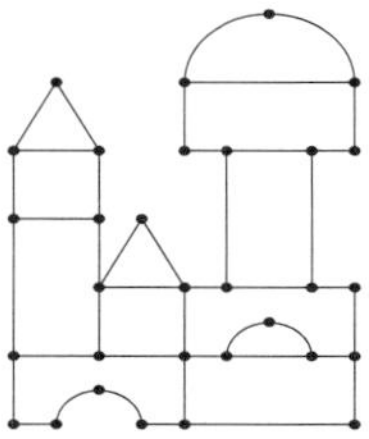

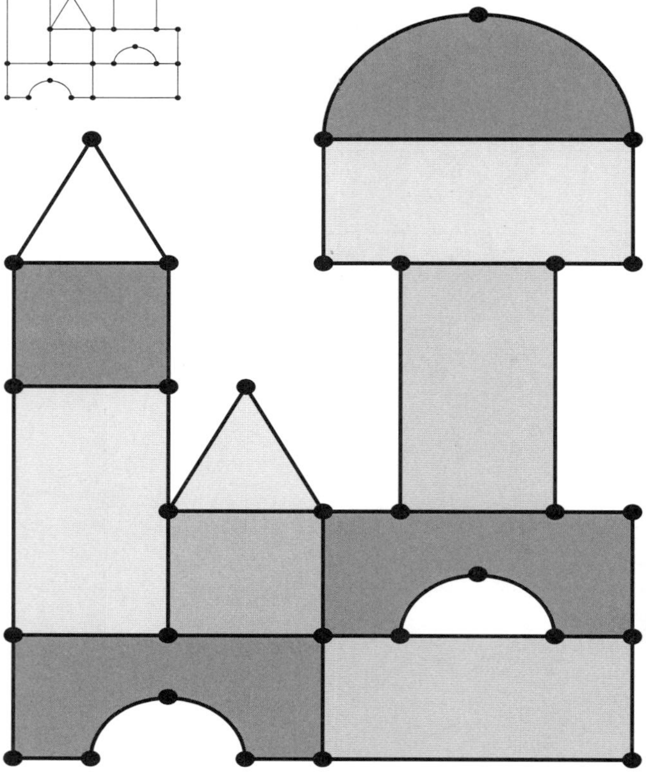

Seite 35

Vervollständige!

Zeichne das untere Bild mit einem spitzen Stift nach!
Ergänze die Objekte, die fehlen!
Male - wenn du willst - eins der beiden Bilder mit deinen Lieblingsfarben aus!

Seite 36

Vervollständige!

Zeichne das untere Bild mit einem spitzen Stift nach!
Ergänze die Objekte, die fehlen!
Male - wenn du willst - eins der beiden Bilder mit deinen Lieblingsfarben aus!

Seite 37

Vervollständige!

Zeichne das untere Bild mit einem spitzen Stift nach!
Ergänze die Objekte, die fehlen!
Male - wenn du willst - eins der beiden Bilder mit deinen Lieblingsfarben aus!

Seite 38

Übertrage das Muster!

Zeichne die gestrichelten Objekte mit einem Bleistift nach und übertrage dann das gleiche Muster in das freie Feld rechts daneben!

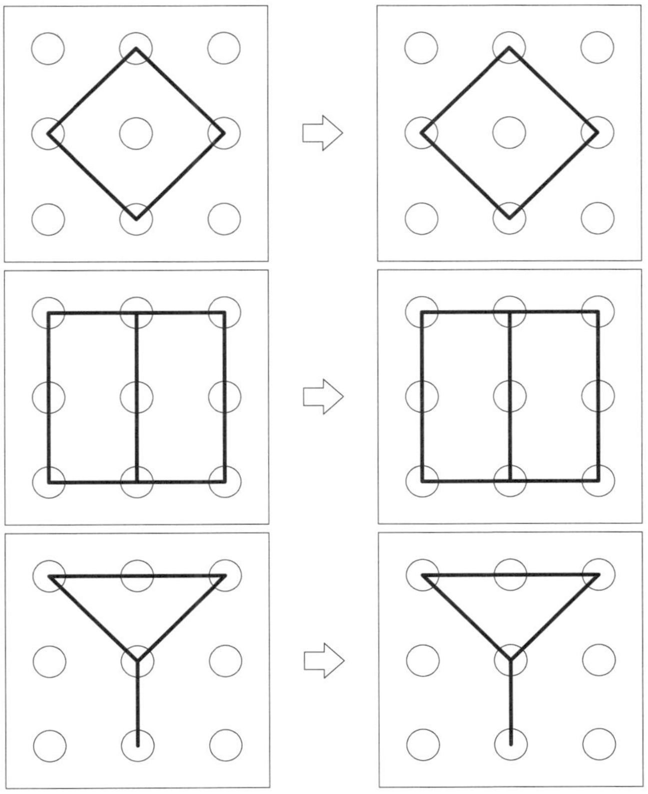

Seite 39

Übertrage das Muster!

Zeichne die gestrichelten Objekte mit einem Bleistift nach und übertrage dann das gleiche Muster in das freie Feld rechts daneben!

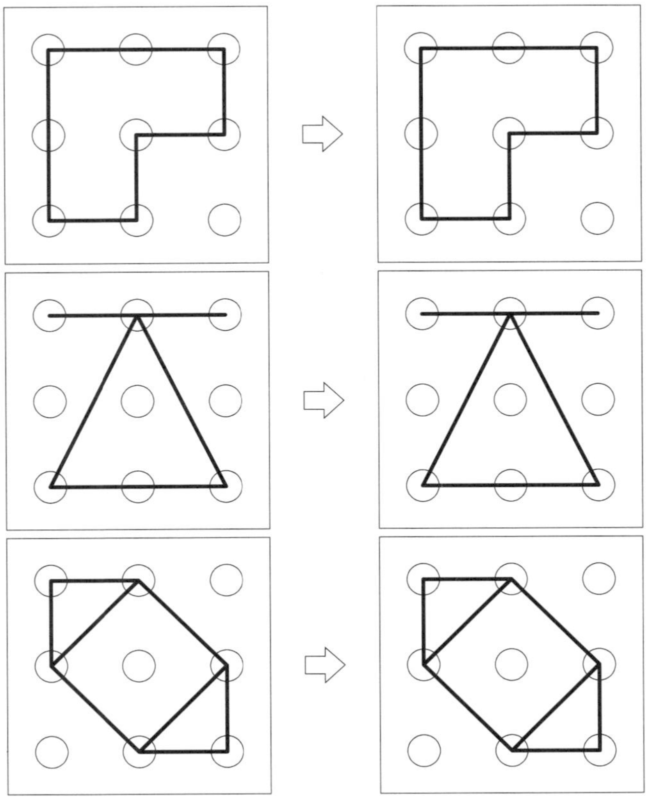

Seite 40

Übertrage das Muster!

Zeichne die gestrichelten Objekte mit einem Bleistift nach und übertrage dann das gleiche Muster in das freie Feld rechts daneben!

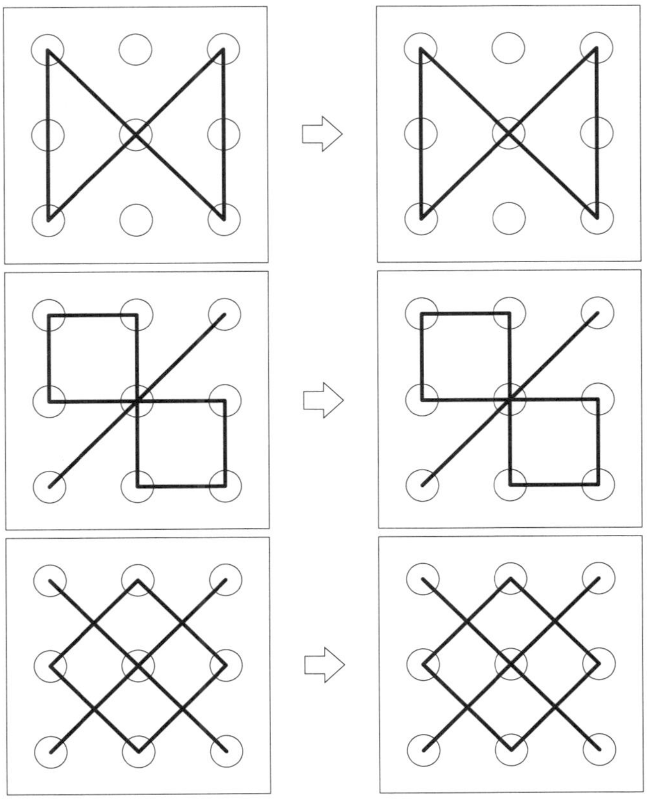

KOHL VERLAG Ein aufbauendes Trainingsprogramm zum Erwerb feinmotorischer Kompetenzen - Bestell-Nr. 11 207

Seite 41

Übertrage!

Ziehe die gepunkteten Linien mit einem spitzen Stift nach, übertrage die Objekte in die leeren Punktefelder und male sie, wenn du möchtest, farbig aus!

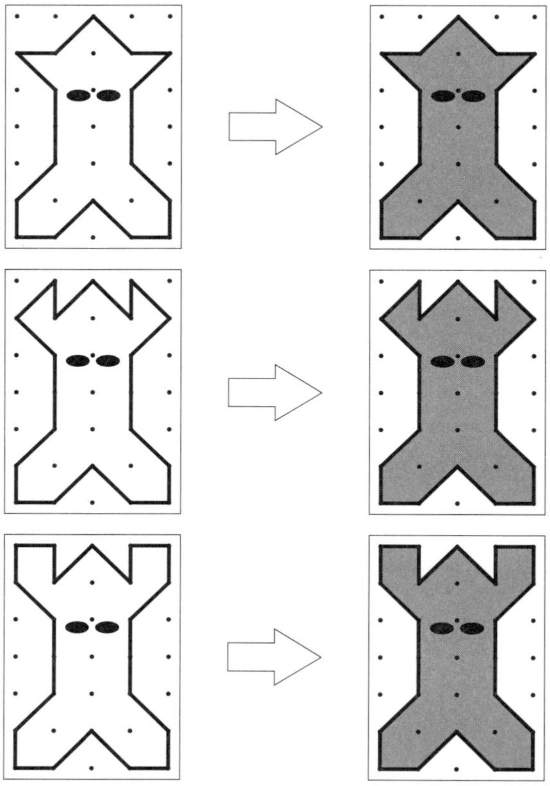

Seite 42

Übertrage!

Ziehe die gepunkteten Linien mit einem spitzen Stift nach, übertrage die Objekte in die leeren Punktefelder und male sie, wenn du möchtest, farbig aus!

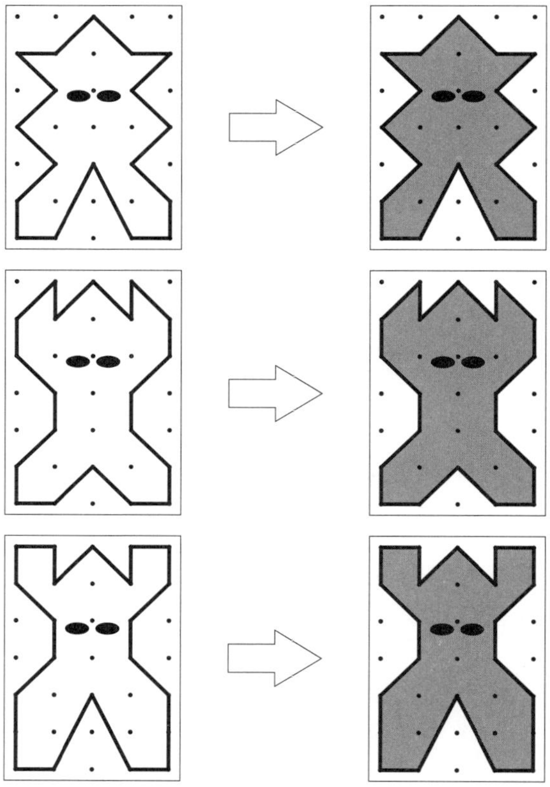

Seite 43

Übertrage!

Ziehe die gepunkteten Linien mit einem spitzen Stift nach, übertrage die Objekte in die leeren Punktefelder und male sie, wenn du möchtest, farbig aus!

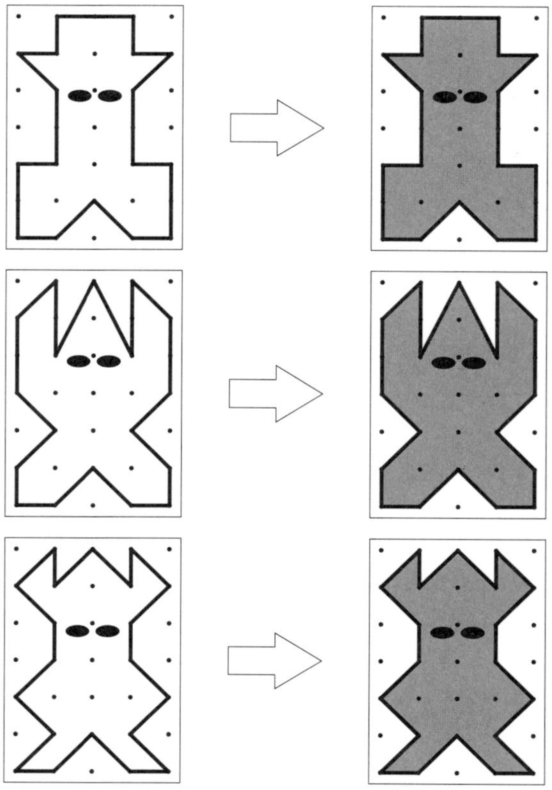

Seite 44

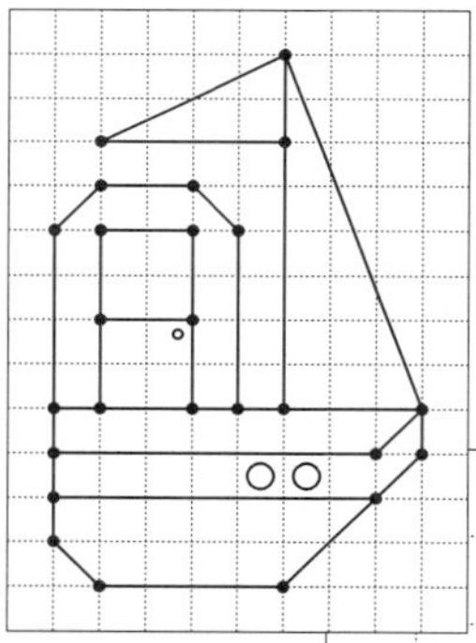

Übertrage!

Übertrage das Bild in das leere Gitterfeld und male es - wenn du möchtest - in deinen Lieblingsfarben aus!

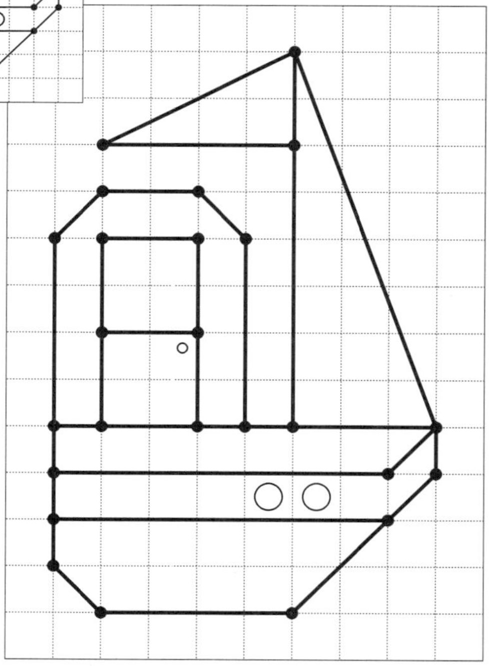

Seite 45

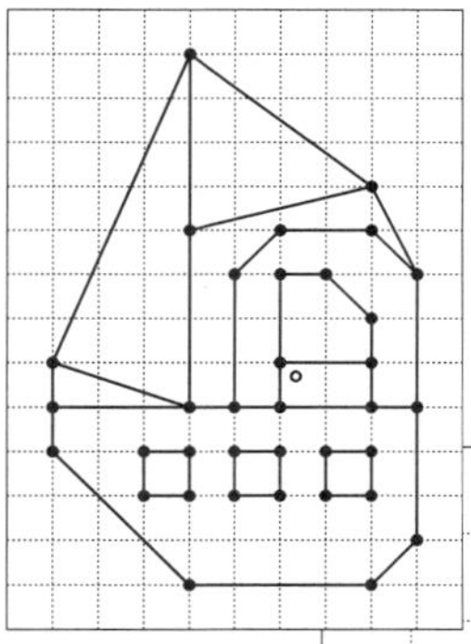

Übertrage!

Übertrage das Bild in das leere Gitterfeld und male es - wenn du möchtest - in deinen Lieblingsfarben aus!

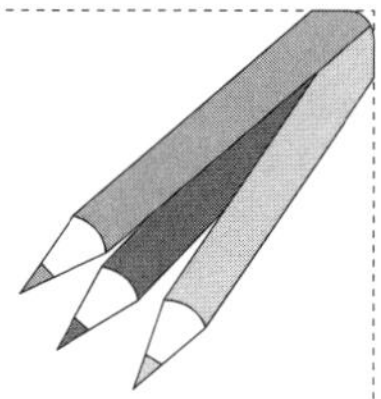

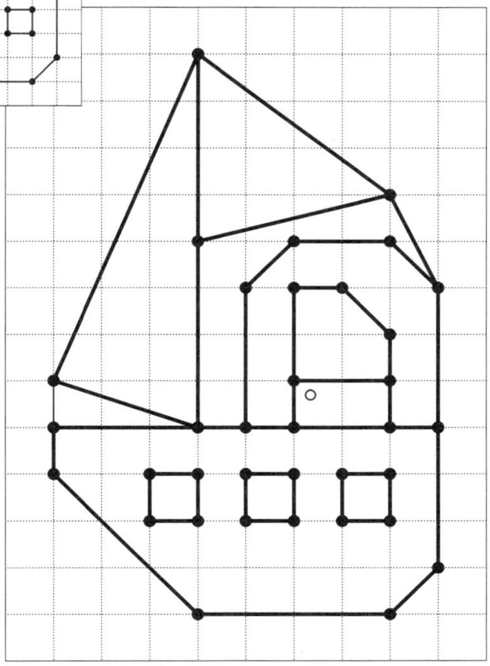

Seite 46

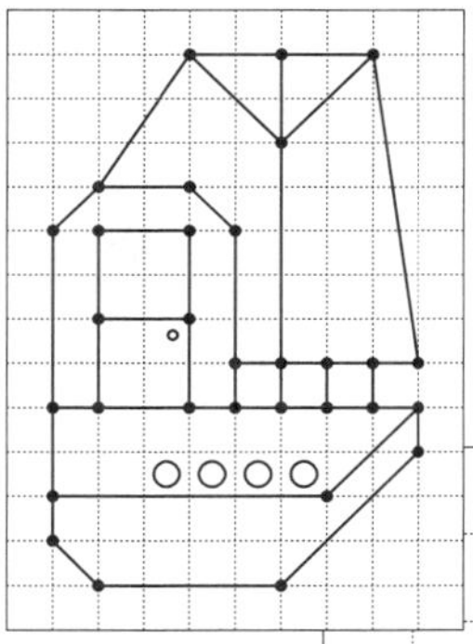

Übertrage!

Übertrage das Bild in das leere Gitterfeld und male es - wenn du möchtest - in deinen Lieblingsfarben aus!

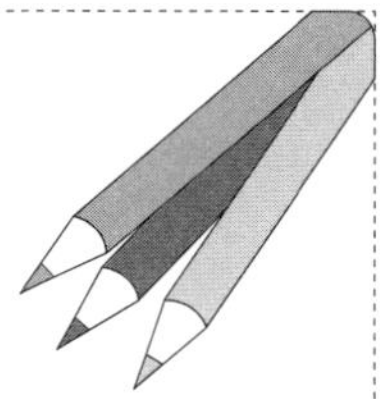

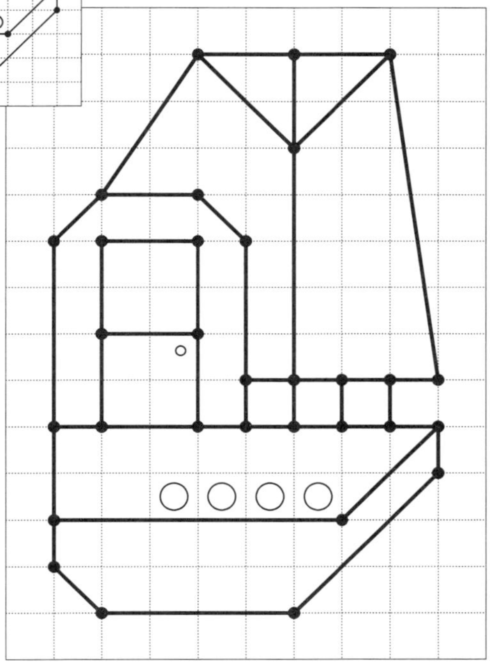

Seite 47

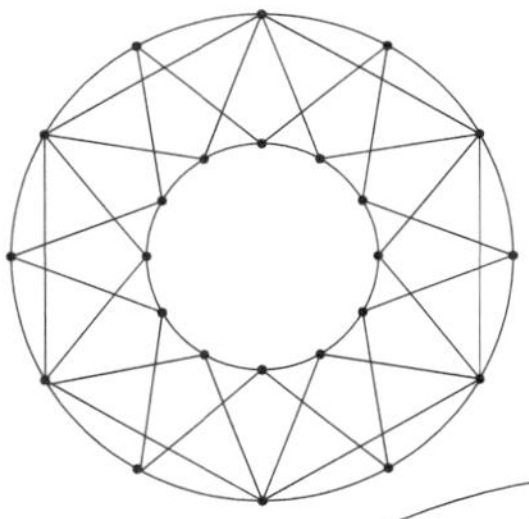

Doppelkreise

Übertrage das Muster in den unteren Kreis und male es dann sorgfältig in deinen Lieblingsfarben aus!

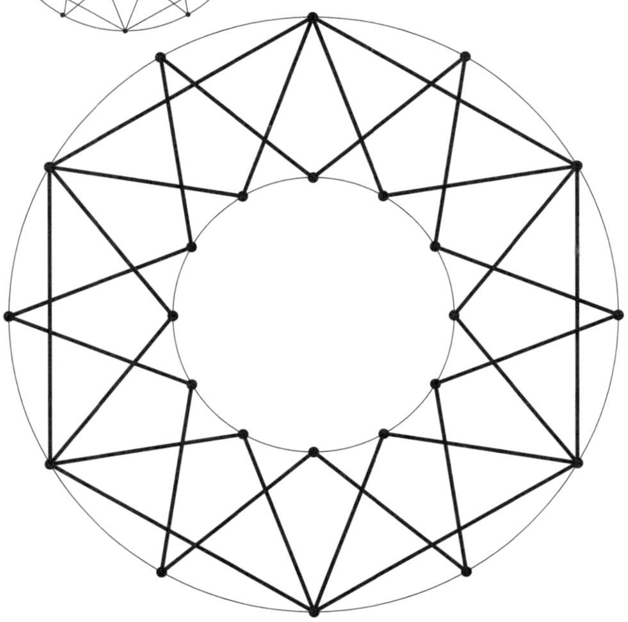

Seite 48

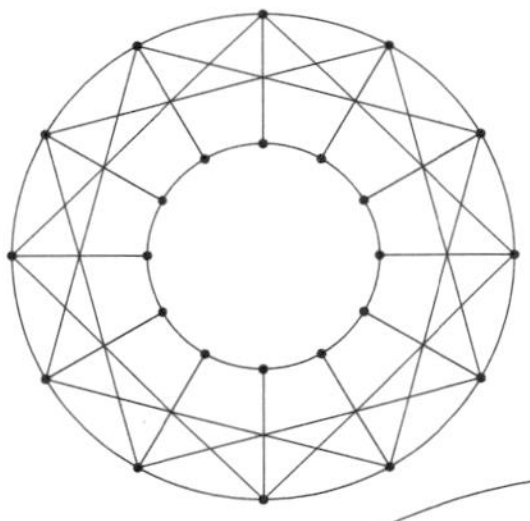

Doppelkreise

Übertrage das Muster in den unteren Kreis und male es dann sorgfältig in deinen Lieblingsfarben aus!

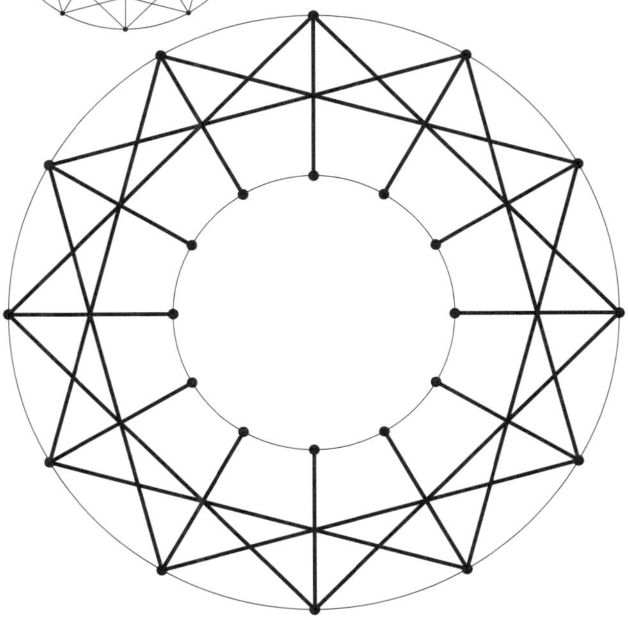

KOHL VERLAG Ein aufbauendes Trainingsprogramm zum Erwerb feinmotorischer Kompetenzen - Bestell-Nr. 11 207

Seite 49

Doppelkreise

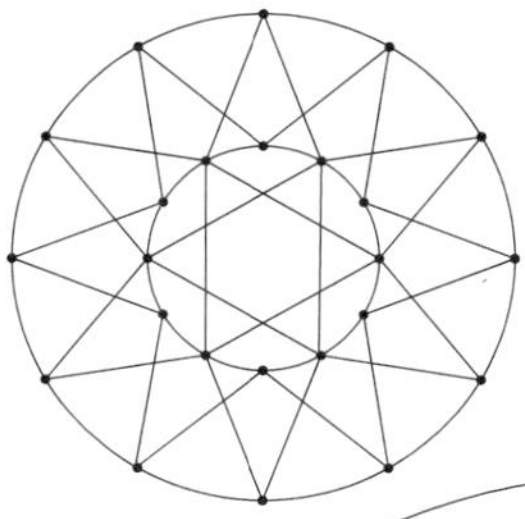

Übertrage das Muster in den unteren Kreis und male es dann sorgfältig in deinen Lieblingsfarben aus!

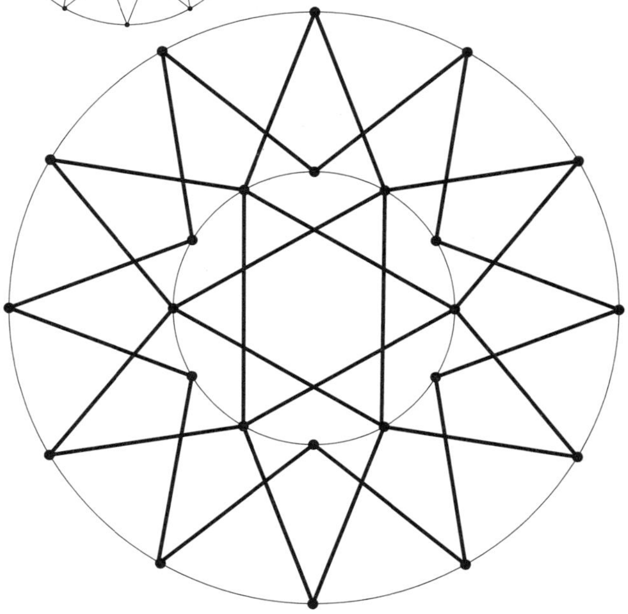

Seite 50

Punktebild

Verbinde mit Lineal und Bleistift die jeweils unten angegebenen Punkte! Zeichne das fertige Mandala farbig aus!

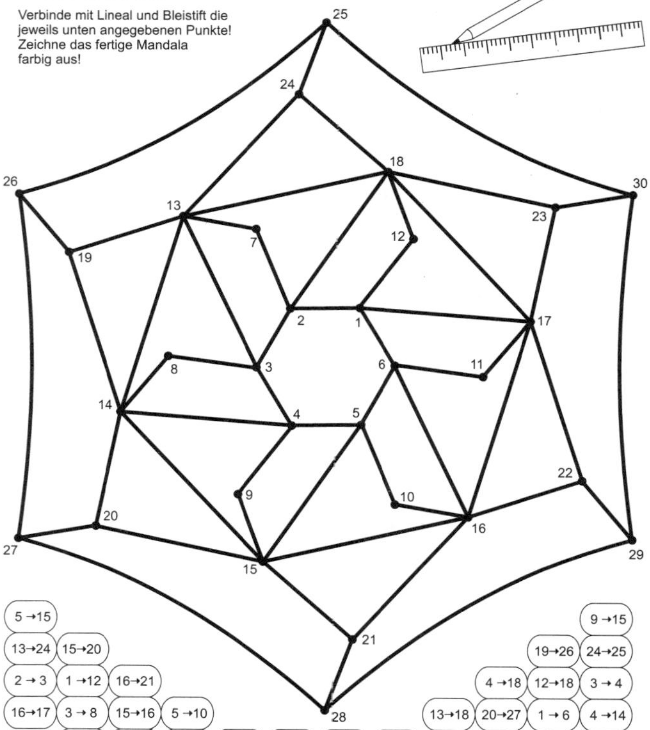

5 → 15 | 9 → 15
13 → 24 | 15 → 20 | 19 → 26 | 24 → 25
2 → 3 | 1 → 12 | 16 → 21 | 4 → 18 | 12 → 18 | 3 → 4
16 → 17 | 3 → 8 | 15 → 16 | 5 → 10 | 13 → 18 | 20 → 27 | 1 → 6 | 4 → 14
14 → 20 | 6 → 11 | 14 → 19 | 15 → 21 | 17 → 22 | 3 → 13 | 1 → 17 | 4 → 5 | 11 → 17 | 10 → 16
17 → 18 | 2 → 18 | 13 → 19 | 7 → 13 | 14 → 15 | 6 → 16 | 13 → 14 | 2 → 7
17 → 23 | 18 → 23 | 1 → 2 | 4 → 9 | 18 → 24 | 5 → 6
21 → 28 | 23 → 30 | 16 → 22 | 22 → 29

Seite 51

Punktebild

Verbinde mit Lineal und Bleistift die jeweils unten angegebenen Punkte! Zeichne das fertige Mandala farbig aus!

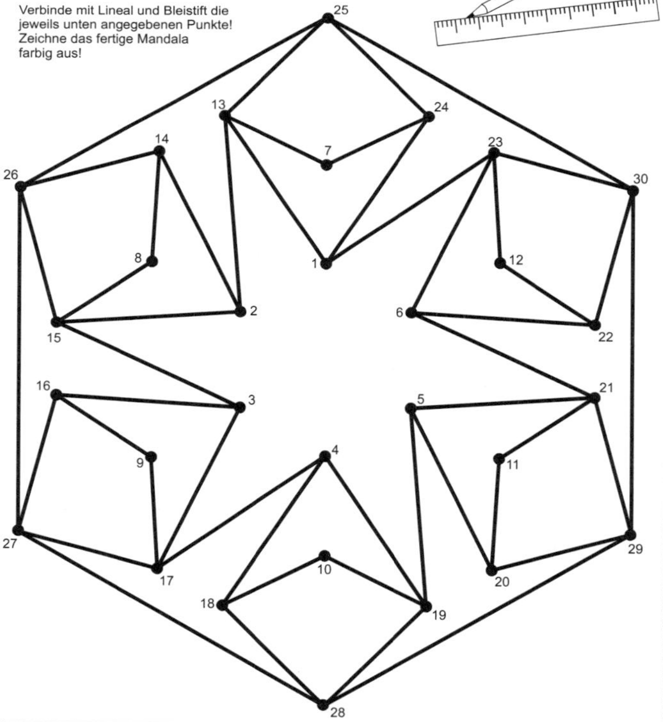

10 → 19	7 → 24	1 → 23	6 → 22	4 → 19	15 → 8	26 → 27	2 → 13	18 → 28	12 → 22	14 → 8	11 → 21
14 → 2	16 → 3	13 → 7	27 → 16	25 → 30	17 → 4	1 → 24	27 → 17	23 → 30	15 → 3	18 → 10	16 → 9
6 → 21	22 → 30	13 → 25	5 → 20	28 → 29	26 → 14	29 → 30	25 → 24	20 → 11	18 → 4	17 → 3	19 → 5
27 → 28	9 → 17	25 → 26	13 → 1	15 → 2	6 → 23	26 → 15	21 → 29	23 → 12	5 → 21	28 → 19	20 → 29

Seite 52

Punktebild

Verbinde mit Lineal und Bleistift die jeweils unten angegebenen Punkte! Zeichne das fertige Mandala farbig aus!

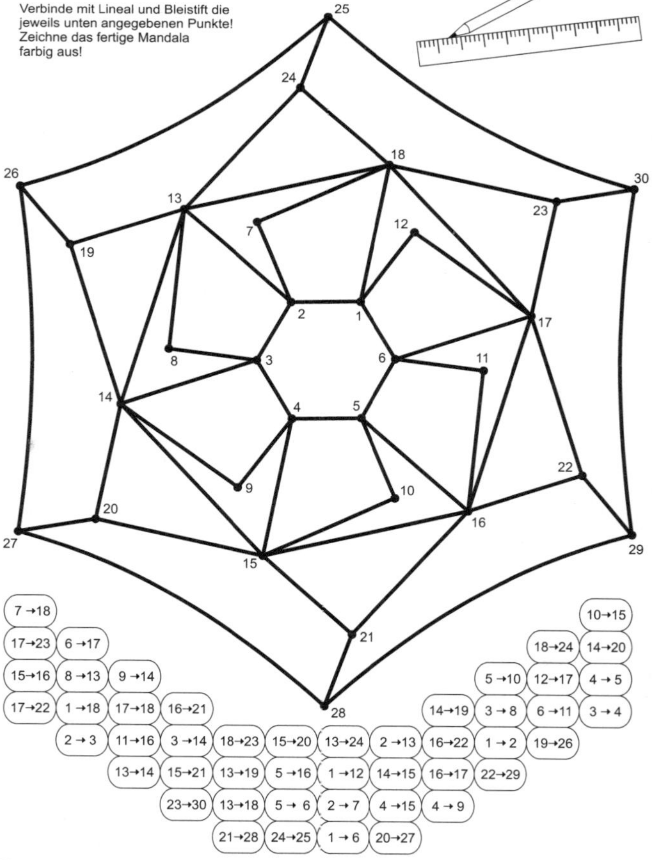

7 → 18 | 10 → 15
17 → 23 | 6 → 17 | 18 → 24 | 14 → 20
15 → 16 | 8 → 13 | 9 → 14 | 5 → 10 | 12 → 17 | 4 → 5
17 → 22 | 1 → 18 | 17 → 18 | 16 → 21 | 14 → 19 | 3 → 8 | 6 → 11 | 3 → 4
2 → 3 | 11 → 16 | 3 → 14 | 18 → 23 | 15 → 20 | 13 → 24 | 2 → 13 | 16 → 22 | 1 → 2 | 19 → 26
13 → 14 | 15 → 21 | 13 → 19 | 5 → 16 | 1 → 12 | 14 → 15 | 16 → 17 | 22 → 29
23 → 30 | 13 → 18 | 5 → 6 | 2 → 7 | 4 → 15 | 4 → 9
21 → 28 | 24 → 25 | 1 → 6 | 20 → 27